期货投资者服务手册

怎样进行期货交易

■中国期货业协会 编著

中国财政经济出版社

图书在版编目（CIP）数据

怎样进行期货交易/中国期货业协会编著．—北京：中国财政经济出版社，2006.3

（期货投资者服务手册）

ISBN 7-5005-8912-3

Ⅰ．怎… Ⅱ．中… Ⅲ．期货交易-通俗读物 Ⅳ．F830.9-49

中国版本图书馆 CIP 数据核字（2006）第 006947 号

中国财政经济出版社出版

URL：http：//www.cfeph.cn

E-mail：cfeph@cfeph.cn

社址：北京市海淀区阜成路甲 28 号 邮政编码：100036

发行处电话：88190406 财经书店电话：64033436

北京富生印刷厂印刷 各地新华书店经销

787×1092 毫米 24 开 5.75 印张 104 000 字

2006 年 3 月第 1 版 2006 年12月北京第 3 次印刷

定价：10.00 元

ISBN 7-5005-8912-3/F·7755

（图书出现印装问题，本社负责调换）

序

范福春

作为期货工具的使用者和期货行业的服务对象，投资者的积极参与是期货市场赖以生存和发展的基础，是期货市场充满活力的动力之源，因而保护投资者的合法权益，特别是保护中小投资者的合法权益历来为各国监管部门所重视。从国外成熟期货市场的经验看，对投资者的保护是一项长期、系统的工程。保护投资者的合法权益贯穿于投资者参与期货市场的全过程，包括事前教育、事中保障和事后依法补偿三个环节。在投资者进入期货市场进行交易前，要建立完善的教育培训机制，使投资者真正了解和理解自己即将进行的投资行为；在投资者进行交易的过程中，要加强立法，严格监管，打击违规行为，保证投资者受到“公开、公平、公正”的待遇；在投资者受到非法侵害时，建立事后对投资者损失的赔偿机制。作为投资者保护工作的第一环节，投资者教育工作的重要性是不言而喻的。

首先，投资者教育工作是帮助投资者认识和了解期货交易机制，理性参与期货交易的重要保障。近年来，随着我国国力的逐步增强，个人财富的逐步积累，以及企业对期货套期保值认识的提高，对期货交易感兴趣的投资者越来越多，期货市场呈现出蓄势待发的势头。然而，期货交易作为一项高风险的投资活动，具有较强的专业性和复杂性，并非对所有的投资者都适合。在实践中，一些企业和个人在对期

货市场认识不够、准备不足的情况下，仅凭着对期货交易一知半解的认识，抱着急于获利的态度，盲目投身于期货交易，结果造成了较大的损失。因此，对投资者进行期货知识的普及教育，提高投资者的认知水平，促使他们树立正确的投资理念、风险意识和合规避险的方式，是维护投资者信心，保障期货业稳定发展的一项艰巨任务。

其次，投资者教育工作是提高投资者自我保护能力，维护自身合法权益的重要手段。期货投资者要维护自己的合法权益，首先必须成为一个期货市场的明白人。只有当投资者知道期货市场是如何运作的，知道期货市场运行的规律及现有的市场法规体系之后，才能知道哪些是自己的合法权益，并且在受到不法侵害后，知道如何来维护自己的合法权益。

第三，投资者教育工作是吸引广大投资者积极参与期货交易，促进期货行业稳步发展的重要渠道。期货行业开展投资者教育的过程，实际上也是向公众宣传期货投资理念和知识，增强投资者参与市场的信心，吸引更多的人参与期货市场的过程。只有更多理性的、成熟的投资者活跃在期货市场上，才能促进期货市场最终走向规范和成熟。

第四，投资者教育工作是促进我国期货市场创新发展的重要途径。随着我国期货市场的进一步发展，期货市场的各种创新必将层出不穷。但是，任何一种创新只有被广大投资者接受，并吸引投资者积极参与才能取得成功。因此，只有持续不断地向投资者普及各种期货新知识，才能保证投资者能够了解和熟练运用新的投资工具，才能保障期货创新的成功和市场的稳定。

中国证监会十分重视投资者教育工作，近年来一直在坚持不懈地推动投资者教育工作。期货投资者的教育工作取得成效的关键在于各级监管部门、行业协会、交易所、期货公司以及媒体要统一认识，形成合力，切实把投资者教育工作转到适应

和推动市场健康发展的轨道上来。近年来，期货行业在投资者教育方面做了大量卓有成效的工作，如中国期货业协会开展的法律法规咨询、纠纷调解和投诉处理工作，交易所举办的“千村万户工程”、“期货大讲堂”、“期权系列培训”，期货公司开展的各种形式多样的期货投资报告会等活动，不仅得到了广大投资者的欢迎，也收到了良好的社会效果。

中国期货业协会作为行业自律组织，在开展全行业的期货投资者教育工作方面负有重要责任，也发挥着不可或缺的重要作用。早在2001年，全国证券监管系统投资者教育工作会议就明确提出，“证券期货业协会要发挥自律性组织功能，在投资者教育工作中，充分充当监管机构与证券期货营业机构、投资者三方面之间的桥梁，切实起到协调推动证券期货机构开展投资教育的作用”。今天，由中国期货业协会精心组织编写的《期货投资者服务手册》的出版，就是其落实期货行业投资者教育工作的一项重要措施。

对期货投资者教育的主要内容应当包括：一、普及期货市场基础知识；二、宣传期货市场法律法规；三、进行风险教育，特别是围绕新的投资品种的出现进行风险提示；四、帮助投资者认识自身的权利和义务，树立正确的投资理念；五、为投资者维权提供法律法规咨询和投诉受理等服务。中国期货业协会按照上述要求编写的丛书由《期货市场入门》、《怎样进行期货交易》、《国内期货交易品种——铜、铝、天然橡胶、燃料油》、《国内期货交易品种——大豆、豆粕、玉米、豆油》、《国内期货交易品种——小麦、棉花、白糖》、《套期保值与套利交易》和《期货投资者维权百问》七个分册组成。与以往的普及教材相比，该丛书的内容具有较高的系统性，并且图文并茂，通俗易懂，非常适合刚刚开始进行交易的期货投资者或对期货投资感兴趣的读者阅读。

在此，我对为编撰这套丛书付出辛劳的专家和工作人员表示衷心的感谢，同时

希望中国期货业协会能够与时俱进，根据期货市场的发展变化及时对丛书进行补充和修订，以满足投资者日益变化的需求。我衷心地希望这套《期货投资者服务手册》的出版在推动期货投资者教育深入发展，提高期货投资者的交易技能和素质，以及建设和谐、繁荣的期货市场方面发挥积极的作用。

目录

期货交易，你有足够的心理准备吗

成为期货投资者之前要办哪些手续

期货投机交易

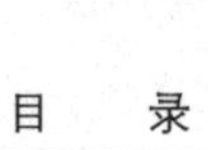

期货交易中的基本面分析

期货交易中的技术面分析

期货交易，你有足够的心理准备吗

期货交易中一夜致富的故事不少。不少人就是听了这种故事后进入期货市场的。然而，很多人也因为对市场风险认识不足而遭遇重创、倾家荡产；也有很多人只是纸上富贵一时、转眼又回归赤字；甚至还有很多人只听说了期货二字就盲目入市，结果犯了低级错误而损失惨重。因而，在决定是否进入期货市场之前，了解清楚期货交易的风险究竟有多大，自己是否有这个承受能力，是非常有必要的。

王奶奶家的故事

王奶奶的邻居告诉她，她的小孙子张青正在做期货买卖。王奶奶知道后，心急火燎地把小孙子找来并告诉他：解放前，你爷爷做生意曾经赚了不少钱，那时，家里有车有房有保姆。后来，就是因为跟了一位朋友去做棉纱期货，结果把钱都输光了，从此一直过着贫寒的日子。你现在刚有了一点钱，居然也敢去做期货，这还了得，听奶奶的话，明天开始不许做了。张青被奶奶一顿臭骂，不敢作声，只得敷衍着答应说不做了。不过，要离开期货交易，张青实在心有不甘，于是借口要出差一段时间，住到了朋友家中，实际上将全部精力都放在了期货交易上。半年后，张青风风光光地开着自购的宝马车回到家里，还给奶奶买了好多好多东西，把奶奶惊得目瞪口呆。为了打消奶奶的顾虑，张青对奶奶说，期货交易太来劲了，我舍不得离

开；不过我知道期货交易有风险，准备把前面赢到的200多万元中的一半继续作为交易本金，这样即使输光了也不要紧。听他这么讲，奶奶也不好再说什么，只能随他去了。张青在期货中一直坚持了下来，经过长期摸索，总结出了一套比较适合自己的交易方式，尽管在以后的交易中有赚有赔，但还是赢大于亏。只是奶奶不这样看，坚持认为做期货就是赌博，说起小孙子，只是说他赌运不错而已。

老同学聚会的结果

某日，在老同学聚会中，大家都在介绍自己毕业后的经历。其中，李斌的介绍引起了大家的兴趣。原来，李斌大学毕业后进入一家贸易公司，不久就被公司委派去从事期货交易，5年下来，替公司挣了3000多万，得到了上百万的奖励。而且，由于自己同时也开设了一个交易账户，也挣了上百万，因此，气派十足。大家听了李斌的传奇故事，心里都痒痒的。当即就有7个同学表示也要到期货市场中碰碰运气。过了两年，那些同学又聚会了，彼此一交流，发现有5个同学因亏损而不做了，其中最惨的一个因为爆仓，不仅把本金全亏完，还欠了期货公司一笔钱，后来在期货公司的催促下，不得不把欠款补上。另一个叫小玉的同学因忙于工作，尽管放了一笔钱在期货公司，但没怎么做，至今算起来，只赚了几千元钱。当然，也有成功的人，比如，郭明在当初聚会回去后，正好有空闲，于是拿了10万元钱找到了一家期货公司，天天在那里看盘，经过一阵观摩及学习后，开始进行交易，起初还略有斩获，但后来就亏钱了。于是暂停交易，总结教训。由于有了前面的实战经验，体会完全不一样了。重新入市后，因为抓住了一波大行情，半年后账户上的资金便成了50多万。郭明对期货交易越来越感兴趣，也越来越有信心，索性辞去原来的工作，一心一意地做起期货来。现在，也已是百万身价的人了。早已成为一家

期货公司老总的李斌当场就邀请郭明到自己的公司来，保证给他最好的条件，郭明也想换一个城市，欣然答应。而小玉则表示，自己没有时间做期货，还不如把原来那笔资金交给郭明打理，其他同学也纷纷效法，郭明也都接受了。

三个股民的不同结局

2003 年下半年，股市一路走熊，某证券公司大户室中的老缪、大胖和大钱都亏了很多。一天，一个在期货公司上班的朋友来看他们。他们向那位朋友诉说，最近股票不好做，多做多输。朋友建议他们去看看期货，由于目前的期货正好是多年未见的大牛市，不少在此前过来做期货的股民都赚了钱。三人商量后，决定在春节后各拿 200 多万元去期市碰碰运气。2004 年 2 月 10 日，他们各自买入上海 9 月期铜 200 张，成交价位为 26000 元/吨。哪知没几天，到了 2 月 27 日，价格已经上涨到了 29000 元/吨左右，老缪一算，他已经获利 300 万元，不但去年股市中的亏损全部拿回来，而且还有赢余，于是赶紧平仓卖出。大胖和大钱不肯平仓，认为这与股市一样，牛市要捂住筹码。3 月 2 日，期价上涨到 30200 元/吨后开始回落，3 月 10 日的最低价是 27450 元/吨。这时大钱心里有点害怕，3 月 12 日，当价格回到 28500 元/吨时赶紧平仓，算下来也挣了 250 万元。大胖认为期价还将创新高，故坚持不动。4 月 14 日，期价又回落到 27000 元/吨左右，老缪认为机会又来了，又开仓买进了 100 张。孰知到了 4 月 21 日，因国家出台宏观调控措施，期价跌停板，4 月 22 日，仍旧是跌停板，价格为 25290 元/吨，老缪和大胖想平仓都平不了。收盘后，期货公司向大胖发出了追加保证金通知书。4 月 23 日，开盘价为 24200 元/吨，老缪和大胖都赶紧发出平仓指令，终于在 24500 元/吨成交了。事后一算账，大钱实打实赢了 250 万，老缪扣除亏损 125 万后总共赢利 175 万，而大胖呢，账面浮动赢

利最多达400多万，但最终却输掉了150万元。

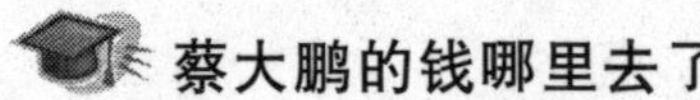

蔡大鹏的钱哪里去了

蔡大鹏有一个待字闺中的独生女儿，筹措女儿的婚事是家里的头等大事。而他只有12万元的积蓄，离15万元的目标还差一段。正巧，有一个经纪人拿了一大堆图表到他那里，指指点点，鼓动他做期货，因为平时也听说过有人做期货发大财的故事，就跟着那位经纪人到了交易场所，存入了8万元保证金。开始时没几天就赚了1万多元，蔡大鹏自然很高兴。可后来就不行了，一个月过后，他发现账户上只有6万多一点了。查询交易记录后，他发现，这个经纪人每天都有大量交易，但总是赔多赚少。他马上意识到，这是经纪人在故意炒单挣手续费。于是就跟经纪人规定，以后他天天来交易现场，下单要得到他的同意。就这样坚持一段时间后，亏损情况果真有所扭转。可是有天早晨，当蔡大鹏赶到交易现场后，发现不少客户、经纪人及员工都在门口等开门。交易时间都过了，大家才意识到出问题了，于是急忙报案。有关部门查询后才知道，这是一家没有注册的非法从事期货代理的黑公司，客户的交易单从没有进入过交易所。现在老板卷款而逃，只能等抓到嫌疑犯后再行处理。蔡大鹏知道后欲哭无泪，悔恨当初怎么这么糊涂，没在这个最重要的合法性问题上多计较一下，现在是血本无归。

你认识期货交易的高风险吗

让大家看这些活生生的例子，目的是什么呢？细心的人不难体会到，那就是期货交易是有风险的，从事期货交易，既可能赢利也可能亏损，有时还可能亏得很

多。按理说，这些都是基本常识，为什么还要刻意强调呢？这是因为，初入市的交易者，可以说都是抱着赚钱这一美好愿望来的，获利的期望值都比较高，但由于没有实际操作经验以及失败的经历，对风险的认识通常又是比较模糊的。一些新入市的投资者会这样想，期货交易是有风险的，不过，只要我小心一些，亏损的可能性就不大，即使亏损，也不至于大亏，抓住机会，大赢一把，什么都有了。这种想法，显然暴露出对风险意识的认识不足。原因在于：首先，期货交易中，风险和收益是对称的，小心固然能降低风险度，但同时降低了潜在的收益率；其次，在突发事件中，即使已经很小心了，仍旧免不了发生较大的亏损，比如，很小的持仓，但碰到接连的反方向停板，还是会有很大的损失；再次，机会的认定，往往是主观的，如果客观情况恰好与之相反，大赢一把很可能变为大亏一把；最后，初入市交易者在小心的心态下，如果连续挣了些小钱，往往会改变小心的心态，他们会想到，如果前几次交易的单量大一些，挣的钱不就更多了吗？在这种思想指导下，风险意识会逐渐淡化。可以说，期货交易中的成功人士都有这样的经历：从小心到大意，然后在吃了大亏后再转为小心。

期货交易的风险究竟有多大

期货交易有很大的风险，但风险究竟有多大，我们不妨看一下期货交易风险说明书。按照规定，交易者在开设期货交易账户之前，都必须签名确认已经阅读过期货交易风险说明书。

说明书在开头就会提到：“进行期货交易风险相当大，可能发生巨额损失，损失的总额可能超过您存放在期货经纪公司的全部初始保证金以及追加保证金。因此，您必须认真考虑自己的经济能力是否适合进行期货交易。”

说明书中还提到："在某些市场情况下，您可能会难以或无法将持有的未平仓合约平仓。例如，这种情况可能在市场达到涨跌停板时出现。出现这类情况，您的所有保证金有可能无法弥补全部损失，您必须承担由此导致的全部损失。"

你能准确、全面、到位地理解这些说明吗？如果你确认你可以理解，那你就可以到市场里实践一下了。

警钟长鸣有什么好处

充分认识期货交易的高风险特征，无论对打算入市的投资者还是已经入市的交易者而言，都有着十分重要的意义，只有好处没有坏处。

它会告诉打算入市的投资者：只用"闲钱"交易，不要将赖以生存的钱投入期市，不要将不能输或输不起的钱投入期市。

它会告诉初入市的投资者，应该"从小额交易做起"、"慎重地选择入市时机"；应该"量力而行，留有余地"；还应该"设立止损点位，勇于认错，不与市场作对"。

这些不仅仅是人们的经验之谈，也是多少人的血泪教训。

从交易者必须保持良好的心态来说，一个输得起的交易者也有更大的优越性。对一个输不起的交易者而言，一旦价格走势对自己的持仓有些不利，就会引发出莫名的恐惧感，这种恐惧感不仅会影响其判断力，使其发出错误的指令，也会大大限制其应有的获利能力。

期货交易是赌博吗

有人认为，对那些从事期货交易的投机者来说，实际上就是在赌博。赢利是赌

运旺，亏损就是赌运背。那么。期货交易是赌博吗？答案是否定的。

首先，从双方的运作机制来看，赌博是以事先建立的游戏规则为基础，游戏结果是随机的，是无法预测的。所以，赌博者惟一能做的就是听天由命，成败完全归于运气。而期货投机依靠的是投机者的分析、判断能力和聪明才智以及对经济形势的掌握和理解，成功的投机者是那些能够根据已知的市况，运用自己的智慧去分析、判断，正确预测市场变化趋势，适时入市，适时出市的人。投机中也有运气，但更多的是机遇。大量的事实证明，仅凭运气或抱着赌徒心态从事期货交易，迟早会被市场淘汰。

其次，在风险机制的形成上，赌博是人为制造的风险。赌徒所冒的风险是由赌局的设立而产生的，如果赌局不存在，这种风险也随之消失。所以，赌博者所冒的风险是原本并不存在的风险。而期货市场规避的风险，本身已在商品生产经营活动中客观存在。即使没有期货投机活动，这种风险依然存在，并不会消失。

最后，在经济职能上，赌博仅仅是个人之间金钱的转移，它所耗费的时间和资源并没有创造出新的价值，对社会也没有作出任何贡献。期货投机则不然，投机者在期货市场承担了市场价格风险，是价格发现机制中不可缺少的组成部分，不仅能够提高市场流动性，而且有助于社会经济生活正常运行。

你适合做期货交易吗

尽管期货交易有风险，但风险是伴随着利润而共生的，有人从期货交易中获利，有人在期货交易中亏损。问题是你是否有能力得到这个风险利润。而这个能力既不是人人都具有的，也不是天生就有的。因而，对于打算入市的交易者而言，的确有必要自问一下，我适合从事期货交易吗？

□ 期货不是赌博

“卦象显示，正当午时可发力入市，快快买入50手！”
“可现在是中午闭市时间呀！”

首先，作为高风险交易，它不仅需要投资者预先投入一笔资金，更重要的是还得投入大量的时间和精力。这些，你具备吗？如果你连看盘的时间都没有，也没有时间去阅读相关资料及分析行情，那怎么做呢？必须明白，做期货与做股票对时间的要求是不一样的，它不能像股票那样可以久拖不决，暂时缺位也无妨。特别是当行情波动较大时，如果你拥有持仓而不在现场，很可能因处理不及而导致重大亏损。

其次，即使资金、时间、精力都不成问题，那也不能说明一定能够长期获取风险利润。在期货交易中，一次、两次甚至更多次获得利润并不难，而有几次亏损也很正常，其中，很可能有运气的因素。但是，要在反复的盈亏之间，保持长久的获利记录，就不是运气了。从大量的成功者的经验来看，他们之所以具备长期获利能力，与他们具有较高的综合知识水平是密切相关的。这种综合知识水平，既包括独立运用分析现有信息的能力，也包括长期交易中积累下来的经验教训。而这些经验教训，往往是付出沉重代价后的结果。期货交易中的佼佼者，几乎都有过痛楚的经历，有时甚至是几起几落。

最后，良好的心理素质极其重要，而良好的心理素质并不是所有人都具备的。恐惧心理、贪婪心理、贪小心理、侥幸心理及从众心理等都会导致交易失败，尽管交易者在理性上也能意识到其危害性，但正如俗语所说，“江山好移，本性难改”，一旦同样的场景出现，不少人还是会重犯过去的老错误。

什么样的人、什么样的资金不适宜入市

如前所述，期货交易并不适合所有的人，因而在决定是否人市交易前，认真考虑如下问题是很有必要的：自己有没有时间和精力从事期货交易？投入期货的资金

一旦亏完，自己能否承受?

如果你没有时间和精力从事期货交易，奉劝你不要亲自做期货。全力以赴都无法保证赢利，三心二意就更难了。

如果你现在正处于负债状态，寄希望于在这个市场上赌一把好还债，那么请你远离期货市场。错误的心态会误导你走向更为不利的境地。

如果你手头的这笔钱是家中的“救命钱”，可能后半辈子还指望用它养老，那么，为了你的安全和稳定的生活着想，奉劝你不要做期货。

如果你的钱不是自有资金，是靠临时借贷或抵押拆借而来，或是向亲朋好友借的，那么你一定要慎重考虑是否要到期货市场来投资。期货市场是风险市场，这样的资金来源，很可能的结果就是你的风险连锁性地成了别人的风险。

当然，如果你万事具备且心态足够成熟，不妨来期货市场看一看。因为一个人在期货交易中是否具备长期获利能力，在实践之前是不可知的。市场是检验人的利器，你可能会成为那个一试身手从此与期货结缘的人。假如你足够了解自己，知道自己在性格、心理上具有某些弱点、缺陷，不适合从事期货交易，而你又实在对期货情有独钟，还不如寻找一位比自己更适合做期货的人，委托他做你的投资顾问。

委托他人交易可行吗

期货交易具有极强的专业性，只有当交易者具有良好的心态、丰富的专业知识和交易经验，长期获胜的把握才会更大一些。这当然需要交易者的全身心投入。如果投资者自己不具备这些条件，委托专业人士来做应该说是一个可行的办法。在国外，接受客户委托从事期货交易的人非常多，以至于已经形成一个行业，如形形色色的期货投资基金，它们都是公开招募资金从事期货交易的基金。在国内期货市场

中，想替客户进行期货交易或充当投资顾问的人也不少，在期货公司就能找到，比如各种各样的工作室，一些投资公司中也大有人在。一般而言，他们中的不少人，长期以来一直生存在期货市场中，已经成为职业投资顾问或职业交易者了。应该说，经过长期的交易实践，其中确有一些优秀的交易者存在。然而，良莠不齐永远是一个普遍现象，中国期货业协会编过一本《期货从业人员执业行为准则及案例指引》，书中有一些反面例子，讲到了从业人员的一些不合规行为对行业造成的负面影响和危害，值得新入市的投资者参考。

显而易见，委托他人交易的难点在于，你必须找到一个诚信可靠、服务周到、专业水平又高的优秀人员。

委托他人交易必须谨慎

委托他人必须慎重。在国外，期货投资基金早已合法化了，基金本身受到严厉的监管，各个公募基金当前运作情况及历史情况都必须定期公布，再加上基金业发达后，也产生了众多的基金评议机构，随时向投资者提供基金业的分析比较报告。出色的基金及明星基金经理受人追捧，而业绩差的基金则遭人唾弃。在这种情况下，投资者委托交易的风险就相应减小。在国内，期货投资基金尚未合法化，目前的委托交易只是处在私人关系这个层面上，尽管从法律的角度看，除期货经纪公司不能接受全权委托有明文规定外，私人委托并没有被禁止，但是，由于缺乏外部监督，对委托人来说，风险自然就更大了。在这种情况下，委托人要保护自己的权益不受侵犯，更需要谨慎从事。

成为期货投资者之前要办哪些手续

如果你已经决定在期货市场中投资，那么应该了解，在进入期货市场之前要办哪些手续，应该注意哪些事项。

寻找合适的期货经纪公司

期货经纪公司是客户和交易所之间的纽带，除了交易所的自营会员外，所有投资者要从事期货交易都必须通过期货经纪公司进行。

寻找合适的期货经纪公司，首先必须强调的是合法性问题。合法的期货经纪公司应该在交易现场挂出中国证监会颁发的《期货经纪业务许可证》以及国家工商总局颁发的营业执照。期货经纪公司在异地开设的合法的营业部也应该挂出中国证监会颁发的《期货经纪公司营业部经营许可证》以及当地工商局颁发的营业执照。注意，无论是许可证还是营业执照，上面都标明了有效期限。此外，由于中国证监会对期货经纪公司及其营业部实行年检制，注意你所选择的期货经纪公司是否按时通过年检也很重要。

其次，在满足了合法性条件之外，期货经纪公司的商业信誉如何，能否确保客户的资金安全也是必须考虑的重要条件。一般说来，运作规范、严格遵守不自营规定的期货公司的可靠程度比较高。

再次，硬件设施也应该考虑在内。比如，该公司有哪些信息系统，是否开通热自助委托交易，是否开通网上交易，交易速度怎么样等。

最后，软件设施也应该考察。如期货经纪公司或营业部是否专设有研究咨询部门、可提供的专业信息咨询质量、手续费的收取标准是否合理。

开户流程

当你找到合适的期货经纪公司或营业部后，就可进入开户阶段了。所谓开户，是指在期货经纪公司开立专门用于期货交易的交易账户。从开户到进行交易，你需要配合期货经纪公司完成下列手续。

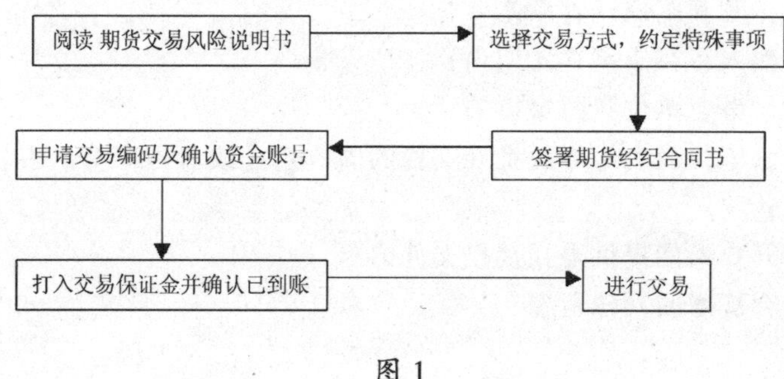

图 1

开户应具备什么条件，需要带哪些材料

客户开户必须以真实身份办理开户手续，开户对象分为个人户和法人户。

个人开户必须出示身份证原件，并且提供复印件，签署时需提供相应的居住地址，联系方式等信息。需要提示的是，个人户只能从事投机交易。

法人户开户需出示营业执照与税务登记证的副本原件、法人身份证原件及其授权书、开户授权人身份证原件。国有企业或者国有资产占控股地位或者主导地位的企业，还需要出示主管部门或董事会批准进行期货交易的文件等。上述证件、文件要求留存复印件。

按照中国证监会的现有规定，有下列情况之一的，不得成为期货经纪公司的客户：

无民事行为能力或者限制民事行为能力的自然人；

期货监管部门、期货交易所的工作人员；

本公司职工及其配偶、直系亲属；

期货市场禁入者在未满禁入期内；

金融机构、事业单位和国家机关；

未能提供法定代表人签署的批准文件的国有企业或者国有资产占控股地位或主导地位的企业；

单位委托开户未能提供委托授权文件的；

中国证监会规定的其他情况。

期货交易风险说明书

按照规定，只有当客户已经知道期货交易的风险并在期货交易风险说明书上签字确认后，期货经纪公司才能与客户签署期货经纪合同。目前，国内各期货经纪公司制定的期货交易风险说明书在内容上基本是相同的。主要内容包括：头寸风险、

□ 明天就要签合同

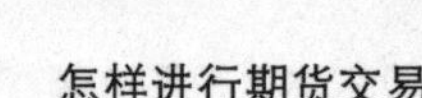

保证金损失和追加的风险、被强行平仓的风险、交易指令不能成交的风险、套期保值面临的风险和不可抗力所导致的风险等。

选择交易方式

传统的交易方式有书面方式和电话方式。书面方式是客户在现场填写交易指令单，通过期货经纪公司的盘房接单员将指令下达至交易所场内；电话方式是客户通过电话将指令下达给期货经纪公司的盘房接单员，接单员在同步录音后再将指令下达至交易所场内。

随着计算机技术的进步，期货经纪公司在提供上述交易方式之外，现在又增加了如下的电子化交易方式：

1. 热自助委托交易。客户在交易现场，通过电脑（该电脑通过期货经纪公司的服务器与交易所交易主机相连接）进行交易。

2. 电话语音委托交易。客户通过电话键盘将交易指令转化为计算机命令，再由计算机送入交易所主机。由于其操作过程非常繁琐，必须按照提示语音分步骤完成，每个步骤之间还必须等待，所以，即使有一些期货经纪公司推出了这种交易方式，实际使用的人不多。

3. 网上交易。利用互联网进行交易。由于网上交易不受地域限制，具有成交及回报快、准确性高、成本低等优点，故深受交易者和期货经纪公司的欢迎，也是目前推广速度最快的一种交易方式。

然而，新的交易方式由于主要采用电脑进行，可能会因计算机系统或通讯传输系统出现一些额外的风险，因而，客户如果选择电子化交易方式，期货经纪公司会要求客户在签署期货经纪合同书的同时，签署电脑自助委托交易补充协议、网上期

货交易风险揭示书、网上期货交易补充协议等相应的协议。

商定选择事项或特殊事项

期货经纪合同书包含了期货经纪业务中的最基本内容，通常是一种格式化文本。其中，有些内容具有可选择性或有待商定的，比如，交易方式的选择、通知方式的选择；又如，有些期货经纪公司在客户出入金方面可以提供银期转账方式，客户也可以作出是否使用银期转账的选择，但是，如果决定使用，那么还要签署银期实时转账协议书；另外，手续费的高低也有待双方协商后确定；最后，如果客户有一些格式化合同书之外的特殊要求，也可以通过双方协商确定。而所有这些，自然都必须在签署合同之前确定。

期货经纪合同书的主要内容

期货经纪合同书对合同约定双方的权利和义务作出了明确的约定。由于合同书具有法律效应，受到法律保护，双方必须按照合同书的约定履行自己的权利和义务。合同书通常有下列内容：

一、委托；二、保证金；三、强行平仓；四、通知事项；五、指定事项；六、指令的下达；七、报告和确认；八、现货月份平仓和实物交割；九、保证金账户管理；十、信息、培训和咨询；十一、费用；十二、免责条款；十三、合同生效和修改；十四、账户的清算；十五、纠纷处理；十六、其他事宜。

在这些条款中，投资者应该特别关注条款三到七的内容。其中，条款三是有关风险度量方法及在什么情况下期货经纪公司可以采取的相应措施；条款四

是双方约定期货经纪公司如何尽通知义务及怎样认定期货经纪公司已经尽了通知义务；条款五中的指定事项是指指定指令下达人、指定资金调拨人及指定联系方式（注意，如果指令下达人和资金调拨人不是投资者本人，意味着已经对他人进行了授权，投资者必须对被授权人的行为负责）；条款六中的内容是环绕着指令下达方式展开的，如果交易投资者选择电子化交易方式，还需签署相应的补充协议；条款七中的内容则是结算报告的确认或发生异议时如何解决的约定。

 签署期货经纪合同书及相应的补充协议

按照规定，期货经纪公司在接受客户进行期货交易之前必须与客户签署期货经纪合同书，而且，为了确保合同的真实性和有效性以及保障合同真实持有人的切身利益，合同书必须当面签署。通常，这种签署是在公司营业场所进行的。然而，遇有特殊情况，期货经纪公司也会派出员工到客户处，与客户当面签署合同。

个人开户比较简单，只要提供本人身份证及留下复印件，并在合同及相应的补充协议上签字就可以了。如果指定事项中有他人，则该人的身份证也得提供并留下复印件，并且还应该在合同上留存印鉴或签名样卡。

法人开户应带齐前面曾经提到过的一系列证明材料，并由法人代表在该合同及相应的补充协议上签字并加盖公章。当指定事项中出现他人姓名时，则他人的身份证也得提供并留下复印件，同时还应该在合同上留存印鉴或签名样卡。如果法定代表人不能亲临现场，则应该有相应的书面授权书。

申请交易编码及确认资金账号

合同签署完毕后，客户还应该填写期货交易登记表。这张表格将由期货经纪公司提交给交易所，为客户申请交易所的专用交易编码。同时，经纪公司还会向客户分配一个专用的资金账号。

打入交易保证金并确认到账

客户在办齐一切手续之后及交易之前，应按规定缴纳开户保证金。期货经纪公司应将客户所缴纳的保证金存入期货经纪合同中指定的客户账户中，供客户进行期货交易之用。

期货经纪公司向客户收取的保证金，属于客户所有；期货经纪公司除按照中国证监会的规定为客户向期货交易所交存保证金，进行交易结算外，严禁挪作他用。现在，不少公司已经实行客户保证金封闭管理。

客户入金应以人民币资金缴纳，如果资金是以转账方式进行的，出票单位应与客户开户名称相符，如不符合则应由出票单位出具书面的资金证明书。期货经纪公司财务部收到客户入金，应出具收据；以转账方式的入金，在确认资金到账后出具收据。

客户资金到账后，即可进行期货交易。

期货投机交易

众所周知，期货交易的参与者基本上可分为两类。一类是希望回避价格风险的现货商，他们参与期货交易的形式是套期保值，而另一类则是主动迎接风险的投机者，希望在价格波动中通过低买高卖而获利。关于期货套期保值交易，我们将在《套期保值与套利交易》中专门介绍，本篇则专门介绍投机交易。

投机者有各种各样的风格

投机的目的只有一个，那就是赚钱，然而，投机的方法或风格却不一而足。比如，从投机者的冒险程度来分，可分为单向投机者和套利投机者。单向投机是指单向买进或单向卖出，一旦价格上涨或下跌就可获利，如果相反则亏损；套利投机是指同时买进卖出两个不同但具有关系的合约，一旦这两个合约的价格差朝着有利方向扩展，交易者就可获利。有关套利交易的情况，将在《套期保值与套利交易》中专门介绍。显然，单向投机者的风险和收益都远比套利者大。在单向投机中，还可以按照持仓时间的长短分为超短线交易、短线交易和中长线交易。还有，有的交易者喜欢做趋势交易，有的喜欢做波段交易。有的习惯于盯住一个品种进行交易，有的则喜欢遍地开花，按照技术分析指标，哪个品种活跃就做哪个。总之，五花八门，应有尽有。

□最佳投资组合——千里眼、顺风耳、智多星期货工作室

新手上路，学习为主

作为一个新进入期货市场的交易者，由于对期货交易比较生疏。首要的任务是尽快熟悉市场，熟悉品种特性、熟悉交易规则和交易方式，而这些自然需要学习。只有认真学习，才能达到“尽快”，才能在今后的交易中不会被一些基本问题所困扰，才能少走弯路，早日踏上富裕之路。

模拟交易是加快学习的好方法

学习的同时，不妨用模拟交易的方式来锻炼一下，因为模拟交易有一个好处，那就是可以促使你进入状态，促使你带着问题去思考和学习更多的东西。例如，在某个价位上，该买还是卖，或者还是应该等待一下，在作决策之前，你必定会思考一些问题，同时查询一些有关历史和现状的资料。比如，供需情况如何？后来的预期如何？不同预期的分歧在哪里？历史上有没有类似情况？如果有，则行情又是如何演化？从各种技术指标看，处于什么状态？这些指标的确切含义究竟是什么？按这些指标判断，应该是做多还是做空？如果交易，应该下多少单量？下这些单量，保证金占用的比例会达到多少？下单时，交易指令应该如何组织及发送？价位变动到什么程度，这些单量的赢利或亏损会达到多少？出现这种情况后该怎么处理？是获利（割肉）平仓还是加码买卖？所有这些，都会起到提示你如何思考，该怎么学习的作用。更重要的是当过了一段时间后，你可以将实际行情走势与当初的交易决策进行比较，以发现前面的思考有哪些欠缺或不成熟的地方。

当然，模拟交易并不能完全替代真实交易。有些人会出现这种情况，在模拟交

易中成绩非常突出，但一到正式交易时就亏损了，其中一个重要原因是模拟者知道这是假的，模拟交易时，无论盈亏，心态比较稳。而正式交易时，稍有盈亏，一想到这是真金实银，就无法保持以往的心态了。是否具有平稳的心态，某种程度上可以说是期货交易中能否获胜的重要因素。但尽管如此，模拟交易可以促使学习速度加快这一点还是可以肯定的。

电子化交易好处多

如前所述，电子化交易最常用的有网上交易方式和热自助委托交易方式。与书面指令相比，由于电子化交易将交易指令直接送入交易所主机，省却了原本必须通过人工转送的中间环节，故具有成交快、回报快、准确性高等优点。这些优点，对于交易者来说，都是非常重要的。对那些以短线交易为主的交易者来说，更是必不可少的条件。

热自助委托交易设置在交易现场，期货经纪公司提供交易设备及交易软件，操作非常简单，即使是初入门者，花几分钟时间学一学也能掌握。

网上交易不受地域限制，可以在家里，也可以在出差途中。惟一的区别就是你需要配置一台电脑，需要有一根电话线（如果是宽带就更好）。至于下载行情软件及交易软件，各个期货经纪公司的网站上都有。实在不懂，期货经纪公司的工作人员也会很乐意为你服务。至于使用，那也是一学就会，易如翻掌。

因此，我们建议新手们一开始就要采用电子化交易方式。

网上交易应该注意的事项

采用网上交易的交易者最应该重视的两件事为：安全保密与应急方案。

安全保密极其重要。在互联网上交易，必须输入自己的账户号码及密码，一旦你的账户号码及密码被不怀好意的人知晓，风险就会随之而来。如果你的账户因密码泄露而被非法进入后进行交易，很可能给你带来无法挽回的损失。曾经有过一个案例，有人在期货论坛上发布帖子，诱使他人下载安装他编制的程序“期货精灵”，以此方法窃得几个人的交易账号和密码，然后利用这些账号和密码，通过对敲的手法为自己牟利，结果给他人造成了317万元的损失。这就提醒我们，不要轻易下载那些不明真相的软件，以免给电脑黑客有可乘之机。另外一个办法是经常更改密码，确保不被他人知悉。

应急方案是指一旦因为电脑、电话或网络连接出现暂时故障，导致无法交易时的应对方法。你应该记住期货经纪公司提供给你的应急热线电话，一旦出现上述情况，可以通过该电话询问行情或下达交易指令。

国内常用的交易指令有哪些

如果是书面下达交易指令，在指令单上应该填写的内容有：期货交易所名称、期货交易品种、交易月份、交易方向、数量、价格、开仓或平仓（平仓是平老仓还是平今仓）、日期及时间、客户名称、客户编码和账户、客户签名，期货经纪公司的接单员在接单后还得盖章。如果采用电子化交易方式，则简单得多，因为在电脑的固定委托交易页面，日期及时间、客户名称、客户编码和账户、客户签名，期货经纪公司这些内容都是多余的。而且，在必填的内容中，有些只要通过点击选择就可完成。

国内目前期货交易中只有两种交易指令，即限价指令和取消指令。交易指令当日有效，在指令成交前，客户可提出变更或撤销。

1. 限价指令。限价指令是指执行时必须按限定价格或更好的价格成交的指令。它的特点是如果成交，一定是客户的预期价格比其更好。

2. 取消指令。取消指令是指客户将之前下过的某一指令取消的指令。如果在取消指令生效之前，前一指令已经成交，则称为取消不及，客户必须接受成交结果。

市价指令的含义是什么

市价指令是国外期货交易中常用的交易指令，它是指按当时市场价格即刻成交的指令。客户在下达这种指令时不须指明具体的价位，而是要求期货经纪公司出市代表以当时市场上可执行的最好价格达成交易。这种指令的特点是成交速度快，一旦指令下达后不可更改或撤消。国内目前没有这种形式的指令。但是，在电子化交易的现在，有没有市价指令已经无所谓了，因为在交易者可见即时成交价和买卖双方挂价的情况下，交易速度与以往的出市代表基本上没什么差别了，只要输入指令的买价稍高或卖价稍低一些，按照价格优先的撮合原则，即刻就能成交，其功能相当于市价指令。

止损指令的含义是什么

止损指令也是国外期货交易中常用的交易指令，它是指当市场价格达到客户预计的价格水平时即变为市价指令予以执行的一种指令。例如，某客户以2500美元/吨的价格买入铜期货合约，该客户可以容忍的损失为100美元/吨，也就是说，如果价格在2400美元/吨之上，他不会卖出平仓，但如果价格跌到

2400美元/吨，他将毫不犹豫地卖出平仓，以制止亏损进一步扩大。于是他可以下达止损价为2400美元/吨的指令。场内出市代表接到该指令后，会密切关注成交价，当价格在2400美元/吨之上时不会有什么动作，但一旦市场成交价触及2400美元/吨，就会在第一时间卖出。止损指令不一定全用在止损上，也可以用在锁定利润上。比如，某客户以2200美元/吨的价格买入铜期货合约，现在期货价格已经上涨至2600美元/吨，该客户认为期价还将上涨而不愿平仓，但又担心期价大幅回调导致利润被全部抹掉，于是下达了止损价为2500美元/吨的指令，确保锁定300美元/吨的利润。

目前，国内期货交易没有止损指令这种形式，要止损只能自己执行。

不做流动性低和太近交割月的合约

流动性低，意味着成交量小或成交稀少，在这种情况下，买卖挂单的价格一般也会拉开了一段距离。比如，小麦期货在成交活跃时，买卖双方的价位咬得很紧，1423元有人要卖，1422元处有人要买。然而在成交稀少时，很可能出现买价为1350元，卖价为1425元的挂单情况。这时候，你很难在自己愿意的价格上成交。进出都不容易，意味着交易者必须承受额外的风险，故对新手来说，更不应该去碰。

离交割时间太近的合约也不应该碰。离交割月近的合约，一是保证金通常收得较高；二是由于接近交割，随着投机者交易逐步减少，流动性也越来越低；三是在交割月份还可能会遭遇到被逼仓的风险，导致额外损失。

 新手交易，从小单量开始

新手交易，应该以小单量开始。期货行情瞬息万变，新手由于缺乏实战及应对各种情况的经验，一旦出现不利情况而不能及时处理，在单量较大的情况下，必将遭受重大损失，也会严重打击以后的交易信心。而小单量就不同了，即使处理不及时，资金损失有限。由于剩余资金丰富，还可以尝试实行一些补救措施，这样也有利于交易经验的积累。

培养正确的交易理念是关键

一般而言，交易者也会对自己过往的交易情况进行总结或反思，特别是当出现重大亏损之后。然而，由于思考方式的不科学，不少总结往往是错误的。比如，将交易失败的原因归结为运气不佳或客观因素。我们经常能听见下列的说法："这次方向赌反了，亏了不少"；"这次运气不好，所以亏了一大笔"；"这波行情没抓到，当初我是看准了方向，并且已经挂出了单子，很可惜，因为价位差了一点没成交"；"这么大的行情，当初的成交单要是放到现在平仓就发财了，可惜听了小吴的话，平仓太早了，只是赚了几个小虾米"。这种总结实际上是失败后的安抚剂。不深挖导致失败的自身原因，即使失败次数再多，也不可能形成正确的交易理念，因而，自己在日后的获利能力仍旧无法得到提高。

大家都说，"失败乃成功之母"，但要将失败转化为经验与财富，就需要科学认真的总结。期货交易中，行情是客观的，但为什么不仅没挣钱反而亏损巨大，其中肯定有自身的原因，说明自己在交易理念上出现了较大的偏差。只有在总结中将其上

升至交易理念这个高度，才有可能将过去的失败转化为经验，转化为今后的财富。

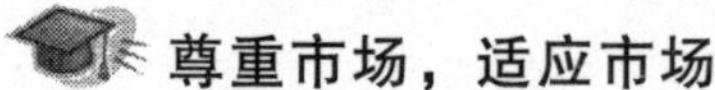

尊重市场，适应市场

交易者亏损之后将原因推向客观有种种表现，除了上面所提到一些表现外，更有甚者指责市场走势不合理。换言之，不是自己的判断错了，而是市场走势错了。比如，美国公布上月外贸赤字比前月增大，对美元来说是利空，结果美元不跌反升，利空消息下价格不跌反涨，似乎有些反常。大多数按照常理进行交易的交易者也亏钱了。如果在亏钱之后，坚持己见，认定市场走势不合理，并且死死抱有原来的头寸不放，最后只能吃大亏。这只能说明市场是强大的，与市场作对的交易者是不会有好结局的。固执甚至是偏执的人喜欢认死理，而认死理恰恰是期货交易中的大忌。

价格涨跌归根结底是买卖双方力量的较量，买比卖多就涨，卖比买多就跌。为什么利空因素下还会出现买比卖多？这也不难理解。其一，期价是受多种因素影响的，具体到某一个交易者，它不一定能够正确评估各个因素在其中的影响力大小；其二，一个新消息出来，尽管有着明显的利多或利空性质，但是，它能够发挥多大作用还得结合价格的历史情况来看，比如，利空消息出来之前，如果价格已经下跌过了，那消息出台后价格不跌反涨就很正常。所谓“利空出尽是利多”，就是这种情形的写照；其三，市场是由各种各样的交易者组成的，你能够知道自己和周边人的想法，但无法了解所有交易者的想法，而自己和周边人的想法不一定符合市场主流的想法。

在期货市场，做识时务的俊杰是明智之举，而执著于正常、不正常，有理由、没理由的成见，是不适时宜的迂夫子。

记住：市场总是对的，交易者必须学会尊重市场，努力适应市场。

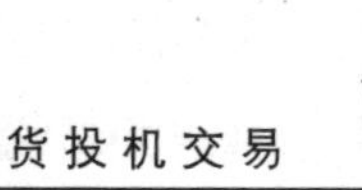

□ 市场总是对的，不要逆市而为！

做期货不是赌大小，不能将输赢归结为运气

有人认为，做期货犹如赌大小，期货中的买卖方向与赌大小的买大买小没什么差别，但事实并不如此。

其一，赌大小是纯粹的碰运气，没有规律可循，是没有办法分析的，即使有所谓预测也是瞎懵；而期货价格的涨跌，虽然掺有一些人为投机因素，但归根结底是受供求规律的支配，是可分析的。其二，赌大小没有过程，开出来就定局，且这种输赢定局是无法改变的；而期货不是这样，由于期价涨跌是有走势过程的，因而，即使最初下单的方向错了，也不能说结局因此而定。比如，你买入后行情下跌，不一定亏，损失是浮动的，可能反弹上去。最终是输是赢与你后来的处理技巧有很大关系。

期货交易中有运气因素，但运气不可能一直站在你这一边。持久的获利能力，需要交易者用心分析各种影响因素，留意行情变化的规律，研究一套能够应变、较为稳健的投资策略，有条件的甚至可以利用电脑辅助人脑，加强胜算。因而，在期货交易中，赚了不要只庆幸好运，更要累积经验；亏了不必怨天尤人，应该勇于吸取教训。这样，才算是一个成熟而理智的投资者。

孤注一掷，害莫大焉

抱着赌大小的心理投入期货市场，不仅会使人无视支配行情涨跌背后的基本因素，从而懒于分析，导致分析行情靠乱猜，投资方向凭灵感，输了不知为何输，赢了也不知为何赢。赌徒心理的最大危害是导致人们在资金运用上孤注一掷，而孤注

一掷者即使偶尔也有可能成功，但最终都逃不脱惨败的命运。这种情况在期货交易中是常见的。因为孤注一掷者在开始的几次成功后，心理会得到极大的满足，更愿意在下次交易中继续采用孤注一掷的方法。而下一次交易中一旦遭遇恶运，极有可能全军覆没，不仅将过去的赢利全部吐出去，连最初的原始资本也会亏完，更惨的甚至还会因爆仓而需要追加新的资金。

短线长线，风格迥异

短线交易或超短线交易，在以前有个名称叫抢帽子，它是指交易者追随价格的短期波动，通过短时间内迅速的买进卖出来赚取其中的差价。由于抢帽子交易对时间的要求比较苛刻，必须能够在第一时间看见报价并可以立即成交，因而，在电子化交易时代之前，几乎成为了场内交易员的特权。但是，在电子化交易方式越来越普及的现在，场外交易者与场内交易员的交易速度几乎没有什么差别了。现在，越来越多的交易者采用短线交易方式。

然而，千万要注意的是：短线交易和长线交易是两种风格完全不同的交易方式。短线交易者不关心价格的长期趋势，不作基本面分析，甚至也不听消息。他们关注的是盘中的波动机会，通过频繁的买进卖出以求赚取差价。在交易中，不仅赚到钱后随即平仓，发生亏损也毫不犹豫地割肉。不留隔夜仓是他们的基本方针。短线交易者的业绩与交易者的性格及经验有关，在长期的交易实践中，的确也涌现出了一批短线高手，但绝不是所有人都适合进行短线交易。

长线交易者相反，他们关注价格的长期趋势，寄希望在长期趋势中赚钱，因而对价格的短期波动不怎么关注。

 孙利平的交易记录

孙利平是一位散户。某日，他开设了一个期货账户，放进去了10万元保证金。一开始，大豆期价在2500元左右振荡时，交易蛮顺利，高抛低吸，10笔交易，居然笔笔赚钱，总共赢了12000多元。然而，两个月过后，他的账户上却只有8000多元了。有人作了一个统计，发现这期间他又做了17笔交易，其中15笔是赢利的，只有2笔是亏损的。

交易情况是这样的：孙利平在期价2600元处卖出了10张合约后，哪知期价突然狂涨起来，一周后，期价居然涨到了2900元左右。孙利平一算，浮动亏损就有3万元了。这时，市场上普遍认为3000元的期价能够看得见，于是孙利平在2930元处买进了5张合约，当期价上涨到2980元处赶紧平仓，因为他认为期价已经快接近3000元这个目标位了，这5张合约赚了2000多元。果真，期价在3000元附近开始牛皮振荡了。孙利平认为行情差不多到顶了，于是在3000元的价格上又加卖了10张合约。同时决定，这20张空单保留不动，余下的钱用来做短线交易。半个月之内，14笔交易又是笔笔赚钱。岂知半个月一过，期价接连涨停板，孙利平想砍仓也砍不了，期货经纪公司天天给他发追加保证金通知书，好不容易在3300元之上的价位上平了仓，一算账，先前的10张空单亏损了7万多，后来加码的10张空单也亏损了3万多。

交易者最常见错误——输得起，赢不起

按理来说，交易者总是希望少输不输，希望能赢多赢，但若对那些失败的交易者总结后就会发现，他们的心理状况往往是输得起赢不起，导致实际交易中输多赢

少。

输得起的表现是：一旦交易方向错了，心中没有止损概念。随着浮动亏损越来越大，拒绝割肉的心态更加强烈。心里总想着，已经这样了，急也没用，再看看吧，浮动亏损是暂时的，一旦行情反转，还可能反败为胜。于是宁愿一次次追补保证金，一直拖到最后没有办法时才不得不砍仓，这时亏损已不是一笔小数了。有的投资者甚至在逆市时还一再加码，希望以平均价伺机反败为胜，导致本来只会损失一撮牛毛的，最后整头牛都被人牵走了。

赢不起的表现是：一旦交易方向对了，账户上有了一点浮动利润，便心旌摇荡，无法自持，老是想着这点利润不要被抹去，还是落袋为安，结果便紧张兮兮地赶紧平仓。回头一看，本来可以打只老虎的，却只拍了一只苍蝇。

期货走势不是涨就是跌，盈亏的机会是一半对一半。不可能百战百胜，也不可能百战百败。假设十次买卖五次赚五次亏，要取得总计是赚的成绩，就需要五次亏是小亏，五次赚是大赚。如果逆市时苦苦死撑，顺市时匆匆离场，就恰恰倒转过来，变成亏的五次惨不堪言，赚的五次微不足道。当然，说起来容易，做起来就难。这些金玉良言，相信在你今后的实践中，一定会起到不小的作用。

不怕错，只怕拖

“不怕错，只怕拖”是期货投资最重要的原则。

自有期货以来，没有任何一个专家能够百战百胜，没有任何一种分析工具次次灵验！只要是人，在交易中出现考虑不周或失算是难免的。问题在于出错后怎么对待。明智与愚钝的区别就在于，智者在出错后会主动断臂，不至酿成大祸；而愚钝的人则会被拖死。前面提到的孙利平，巨大的亏损就是拖出来的。

尽管“不怕错，只怕拖”的道理是很多交易者都认同的，但不少人在实战中，还是免不了要犯拖的毛病。一般人为什么会拖呢？主要是侥幸心理作祟，不敢面对现实。一是怕认赔后行情马上反过来；二是想行情延续一段时间后可能会反过来，这样的话，不过多熬一些时间而已。应该说，砍仓后行情即反的情况有时是会发生的，但也应该想到，即使这样，也不过是吃一次小亏而已，它避免了发生重大损失的可能。而后一种情况实际也证明了及早砍仓是对的，因为你已经避免了更大损失，完全可以寻找更好的进场价位。

止损观念是“不拖”原则的最直接体现。经验表明，要真正贯彻“不拖”原则，最重要的就是养成第一时间下止损单的好习惯。第一时间下止损单的好处是：即使行情出现不利于你的突变情况，你已在第一时间止损了，不至于措手不及，面对已成事实的巨大差价，再作止损决策就更难了。

当然，由于国内期货交易中还没有止损指令，这就需要交易者自己心中有止损价位，在盯盘中随时付诸实现。

锁仓有害无益

锁仓有两种，即盈利锁仓与亏损锁仓。盈利锁仓是买卖后有一定幅度的浮动盈利，不平仓的同时反向开立新仓。亏损锁仓是买卖之后有了浮动亏损，不想把浮动亏损变成实际亏损，便在继续持有原来亏损头寸的同时，反向开立新仓，企图锁定风险。

无数交易者的实践证明了，锁仓实际上是一种十分不可取的交易方式，亏损锁仓更是如此。交易者易犯的一个通病就是，不敢面对亏损的现实。锁仓就是这种心态的流露。

锁仓的弊端在于，占用双倍的保证金，降低了资金的使用效率，增加了投资成本。还有一个弊端是“易结不易解”。锁仓虽然暂时没有将浮动亏损转化成为实际亏损，但实际上资金已经划走，只不过没有投资者的签字而已。更为重要的是，锁仓严重影响交易心态。由于双向持仓，在解仓时会有一定的心理负担，难免瞻前顾后，无所适从。有时即便咬咬牙解了仓，但由于担心另一方向的持仓亏损增大，稍有风吹草动，便又重新锁仓，从而陷入锁仓的恶性循环之中。最后，在绝望之时不得不同时平仓，将浮动亏损化成实际亏损。

锁仓是一种害人不浅的交易习惯。要想在期货市场取得成功，必须从心理上和行动上彻底摒弃锁仓。一旦操作失误，就该及时止损，另觅机会。

不敢赚也是交易者失败的重要原因

如果说没有止损观念是交易者失败的重要原因的话，则与其对称的是抓住了赚大钱的机会却不敢赚。而这正是前面所说的“输得起，赢不起”的另一面。

某种程度上，交易者在已经抓住赢大钱机会时心态会更不稳，这时，账面上的浮动赢利会搞得交易者连觉也睡不安稳。一想到好不容易挣到的钱失去岂不可惜，平仓获利，落袋为安的冲动就会出来折磨交易者。一旦行情稍有波动，马上就会毫不犹豫地实施平仓。结果，事后发现，自己放弃了本来可以唾手可得的大利，赢到的只是蝇头小利。

成功的交易者讲究“稳”、“准”、“狠”。所谓“狠”，包含了抓到机会时绝不放手，努力扩大战果以获大胜的意思。争取到大胜，就可盖过有时难免的小亏，使账户保持整体赢余。如果手头上的单子正好顺应了大势，而不是逆市而行，那么你就可以体会一下轻舟直放，顺流而下的感觉了。

克服不敢赢的心理缺陷的较好方法是强迫自己在第一时间采用“止赢指令”。“止赢指令”与“止损指令”一样，既能起到保护大部分浮动利润的作用，又能起到克制自己盲目平仓，不敢赢大利的冲动。例如，某交易者在小麦期货交易中持有建仓价位为1200元/吨的多头。当市价上涨到1250元/吨，他将止赢价格定于1230元/吨。如果市价下跌，一旦达到1230元/吨，他仍有30元/吨的利润。如果价格没有回落到该价位，又继续上升到1280元/吨，他就将止赢价位提高到1260元/吨。通过这种不断推高止赢价位的方式，使利润不断增长，充分享受顺势而为的好处。

 顺势而为——大势是你的朋友

期货市场中，交易者大亏大赚的情况一般都是发生在大行情中。在通常的牛皮振荡市中，只要交易者不是孤注一掷式的交易，一般盈亏不会太大。因而，对交易者来说，更应该关注和留心的是行情大势面前怎么办。

交易者最容易犯的错误是根据本身的主观愿望买卖，明明大市气势如虹，一浪比一浪高的上涨，却猜想是行情的顶部，强行去抛空；眼看走势卖压如山，一级比一级下滑，却以为马上要反弹了，贸然买入。如果再加上没有止损观念，结果不堪设想。

希望与实际是两回事。“希望”在人生的其他领域无疑是成功的动力，而对于期货交易者来说，却是制胜的阻力。俗话说，“识时务者为俊杰”，顺着大势涨跌去买或卖，就是站在强者一边，胜算自然较高。相反，以一己“希望”与大势背道而驰，等于同强者作对，螳臂挡车。

记住，大势是你的朋友，顺势而为，才是制胜之法。

世上没有只升不跌或只跌不升的市。当大势已经势尽力竭，面临转势时，就需

□ 图表显示一切

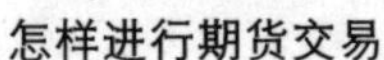

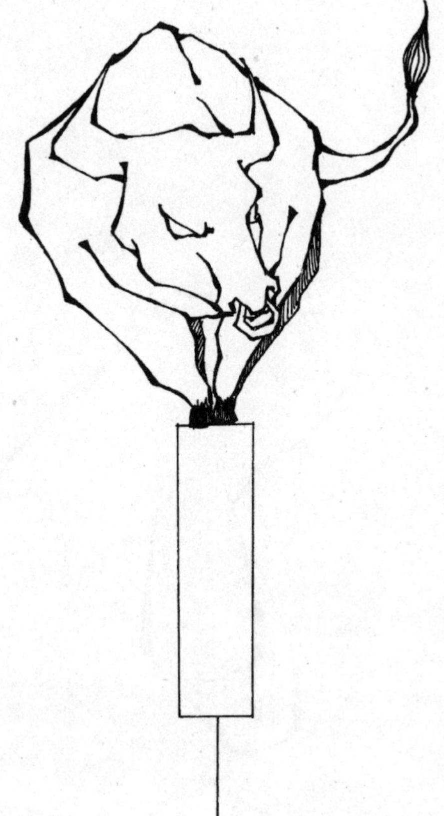

□ 图表显示一切

要随机应变，认赔转向，顺应新的大势。否则，原来的顺势就变成了逆势。

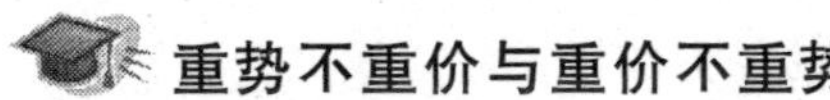

重势不重价与重价不重势

不少交易者在期货买卖操作中，过于计较价位，买入时非要降低几个价不可，卖出时总想卖高几个价才称心。这种做法往往因小失大，错失良机。

期价的高低是相对的，现在看来价格低，若下一步走势下跌，目前贪图便宜去买，回头看其实也是价格高；若下一步走势是上涨的，即使当初高了几个价位，回头看看也很划算。期货的成败盈亏不在于现在，而取决于将来。现在的价格仅是出发点，将来的趋势才起决定作用。

对“重势不重价”的交易者来说，一旦看到趋势的苗头，不会去计较几个价位。而“重价不重势”的交易者则恰恰相反，眼中只有这几个价位，没有趋势概念。

太计较价位的危险还在于容易导致逆势而行。因为在涨势中，若非要等便宜的价格出现才买，只有走势回跌时才有机会，而这一回跌，如果是转势，即使买到便宜货也不赚钱。同样，在跌势中，硬要坚持高价出现才卖出，只有等走势回升时才有机会，而这一回升，如果是转市，卖到高价也将亏钱。

注意，不要太计较价位，并不等于鼓励盲目追市。盲目追市是指涨势将尽时才见高追买或跌势将止时才见低追卖；不要太计较价位是指一个涨势或跌势刚确认时，要勇于入市。两者是不同的概念，不能混淆。

止损点与止赢点的设置有讲究

一旦理解了及时止损与止赢的重要性，接下来的问题就是如何合理设置止损与

止赢的价位了。设置不合理，不仅起不到应有的作用，还会带来不必要的困扰。比如，将止损价格设置得离当时的市价很近，结果价格稍有波动就亏损平仓出局。又如，将止损价格设置得离市价很远，起不到应有的保护作用，一旦成交，也意味着已经遭受了较大损失。

尽管止损或止赢的依据因人而定，但其思路通常有两种：一种是根据你愿意承受风险的大小来确定，另一种是按照对大势的判断而定。

从头寸的建仓价位出发，按照最大愿意承受多少亏损确定止损价位，这是常见的做法，比如，小麦空头建仓价位为1180元/吨，有人将止损价设在1200元/吨处，有人将止损价设在1210元/吨处。表明前者愿意承受20元/吨的风险，而后者则为30元/吨。而止赢价位的设置与止损价位的设置差不多，差别是交易者愿意承受多大的浮动利润损失。

按大势判断而定止损或止赢价位的交易者更重视行情的大方向，他们关注的是市场是否转势，而判断的依据通常按照技术分析的方法。比如，将止损或止赢价位设在重要的阻力位或支撑位上，一旦这些价位得到有效突破，就毫不犹豫地止损或止赢。

学会控制情绪很重要

在期货市场，每天都可能发生一些刺激的事情。面对那些突如其来的变化，必须学会控制自己的情绪，保持冷静，心平气和地处理。否则，迟早会被淘汰出局。

事实上，期货投资充满了刺激性，受得起刺激才能参与。有些人控制不了自己的情绪，做了多头，大势往上跳一跳，脸上立刻笑一笑；价位往下走一走，眉头马

上皱一皱。赚到一段价位，欢天喜地；出现若干浮动损失，寝食难安。当一个人的情绪起伏完全被行情涨跌所牵扯，他还能够清醒客观、指挥若定吗?

交易者要控制自己的情绪，一是亏得起多少做多少，不要赌身家，这样心理负担较轻。二是事先做好一套看对何时平仓获利、看错何时止损认赔的计划，盈亏都在意料之中，心理承受能力增强了，情绪自然稳定。

交易计划，有比无好

进行期货买卖，克服交易的随意性和盲目性很重要。如果在交易之前，能够制定一份详细的交易计划是很有好处的。

在期货交易者中，绝大多数在入市前都没有交易计划。有的凭经验临时决断，有的凭直觉入市，还有的依据传闻入市，甚至有人连自己都不知道为何入市，只是跟着周围的人一起入了市。

应该说，制定交易计划者不一定赢利，没有交易计划的交易者也不一定输钱。比如，一些短线或超短线交易者，凭借着丰富的看盘经验和交易经验，在市场中赚取了不少钱，要他们事先制定详细的交易计划是不现实的。

制定交易计划的好处是：迫使交易者在入市之前对行情的过去、现在作一个完整的了解，并评估未来的可能性，确定是否值得入市，入市应该是什么方向，从而避免盲目入市；迫使交易者考虑入市的头寸大小及占用资金比例问题，从而避免承受过大的风险；迫使交易者考虑未来行情的各种可能性及应对措施，从而避免在日后应对失措。应该说，这些好处，对于交易者提高理性投资意识，提高交易水平都能起到促进作用。因而，对于期货市场的新手，更应该提倡。

交易计划有哪些内容

完整的交易计划应该有：

1. 市况研判。市况研判不仅需要对历史情况有个清晰的理解，也需要对目前影响市况的各种因素作系统客观的评估。系统性要求不能忽略重大因素，而客观性则要求分析时不带主观倾向，比如，分析利多因素时不忽略利空消息的潜在作用，列出看跌信号时也要考虑到哪些支持上涨的理由。

2. 确定是否值得入市，以什么策略入市。如果对后市的判断不明，或认为入市后获利的机会不大，则很可能得出暂不入市，静观其变的决定。如果认为后市有机会甚至有较大的机会，则考虑入市。比如，认为后市可能在一定区域内震荡，则考虑小单量做做短差交易；认为后市有较大的单边市，则采取单边入市策略。

3. 入市头寸的数量与资金管理。确定入市数量的多少及建仓步骤，而数量的多少与你的资金数量及冒险风格有关，专家们给出的建议通常是不能超过资金量的1/3。建仓步骤可以是一次建仓，也可以是分步建仓。在分步建仓的情况下，还可以制定在什么情况下进行第二次、第三次建仓的计划。

4. 平仓计划。建仓以后，行情的走势可能出现哪些情况，在对应的各种情况下，应该怎么进行平仓。比如，出现不利局面时，如何止损，止损点设在何处？出现有利局面时，怎么平仓，怎么设置止赢点。

5. 评估计划的合理性。评估计划的获胜可能性有多大。针对各种可能出现的情况及应对措施可以计算出正常情况下的利润有多少，最理想情况下可以赚多少，最不利的情况下会亏多少。只有当预期利润大大超过预期亏损时，计划才是值得执行的。

交易计划，贵在坚持

交易计划制定之后，应该贯彻执行。除非在执行之前，市场已有重大的突发性因素出现，否则不应轻易改变计划。

制定一个合理的计划不容易，坚持执行也不容易。有的交易者，纸上谈兵很成功，带着一份事后看来也非常好的计划书上阵，但一见盘中出现涨跌（尽管这种涨跌在计划书中已经预计到了），就会方寸大乱。随即陷入盘面之中，追涨杀跌，不仅改变初衷，把以往的计划全部置于脑后，交易策略也因此变为“脚踩西瓜皮，滑到哪里算哪里”。计划的止损点和止赢点也没起作用。回头一看，还是亏多赢少。还有的交易者，一开始计划做短线交易，但在交易中，又不遵守短线交易的纪律，一有赢利就平仓，而将亏损单继续留下，时间一长，短线便成了长线，而且又犯了长线交易中的大忌，能不很危险吗？

按原先计划行事，盈亏都应付自如，即使亏损也属意料之中，心理上较容易接受。但如果“脚踩西瓜皮，滑到哪里算哪里”而导致失败后，在心态上也不平衡，情绪也不稳定，在这种情况下，更容易一错再错，弄到不可收拾的地步。

临时改变主意，这是优柔寡断、缺乏自信的表现。期货多空交战，某种意义上也是心理战。买卖过程中，只要不出现超出原定计划范围内的情况，就应坚定不移地按计划办事。

平均买低和平均卖高策略

有的交易者在单子被套后会采用这种策略。所谓平均买低是指，在买入合约

后，如果价格下降则进一步买入合约，以求降低平均买入价，一旦价格反弹至平均价格之上，就可实现反亏为盈。而平均卖高是指，在卖出合约后，如果价格上升则进一步卖出合约，以提高平均卖出价格，一旦价格回落至平均价格之下，就可实现反亏为盈。

例如，某交易者买入1张铜期货合约，成交价格为26000元/吨。可此后价格下降到25800元/吨。为了补救，该投机者再买入1张合约，成交后两张合约的平均买入价为25900元/吨，低于第一次入市的成交价。此后铜价反弹到25930元/吨，他随即将这两张合约卖出平仓，在不计手续费的情况下，他反而获利了30元/吨，共计300元（1张合约5吨）。如果当初没有买入第二张合约，即使铜价反弹到25990元/吨，该交易者仍然亏钱。

平均买低或平均卖高策略能够成功的前提是：期价暂时下跌或暂时上涨，不久又会回升或回落。否则这种做法就是逆市而行，只会增加损失。比如，上面那位投资者在25800元/吨加买1张后，期价继续下跌，这位投资者的损失就更大了。

平均买低和平均卖高策略只适用于震荡盘整市。

金字塔式买入卖出策略

金字塔式买入策略是指，交易者在买进赢利的情况下继续加买，但每次加买的数量低于上次。

例如，某交易者买入5张（10吨/张）大豆合约，成交价格为2015元/吨。此后价格上升到2025元/吨，首次买入的5张合约已经有浮动赢利10×5×（2025－2015）＝500元了。为了进一步利用该价位的有利变动，该交易者在价格不断上升的过程中按照如下的方式分批次连续买进期货合约：

价格（元/吨）	持仓数（张）	平均价（元/吨）
2050	0	2026.3
2040	0 0	2024.6
2030	0 0 0	2022
2025	0 0 0 0	2019.4
2015	0 0 0 0 0	2015

由于其形似金字塔，故称为金字塔建仓策略。采取金字塔式买入合约，持仓的平均价虽然有所上升，但升幅远小于合约市场价格的升幅，市场价格回落时，持仓不至于受到严重威胁，投机者可以有充足的时间卖出合约并取得相当的利润。例如，如果市场价格上升到2050元/吨后开始回落，跌到2035元/吨，该价格仍然高于平均价2026.3元/吨，立即卖出15手合约仍可获利（2035－2026.3）×15×10＝1305元。

如果建仓后，市况变动有利，但交易者增加仓位却按照每次大于前次的合约张数进行，那么，这种策略便称为倒金字塔式。在倒金字塔式情况下，买入或卖出合约的平均价和最近的成交价相差无几，只要价格稍有下跌或上升，便会吞食所有利润，甚至蚀本。因而，一般不提倡交易者使用倒金字塔方式。

合约交割月份的选择

建仓时除了要决定买卖何种合约及何时买卖外，合约交割月份的选择也有讲究。

同一品种有不同的交割月份，不同交割月份的价格一般不会相同。交易者在看好方向时应该选择在哪个合约上建仓呢？除了前面说过的不活跃的不做，接近交割月的不做外，合约之间的价差也是一个可以考虑的因素。

1. 远期月份合约价格高于近期月份合约价格。如果市场行情上涨，远期月份合约价格上升时，近期月份合约价格不仅会同步上升，且通常上升幅度会更大；如果市场行情下滑，远期月份合约的跌幅通常更大。所以，在选择期货月份合约时，做多头的通常选择近期月份合约；做空头的则选择远期月份合约。

2. 远期月份合约价格低于近期月份合约价格。如果市场行情上涨，近期月份合约价格上升时，远期月份合约的价格也会上升；如果市场行情下滑，近期月份合约受的影响较大，跌幅很可能会大于远期月份合约。所以，在选择期货月份合约时，做多头的交易者可以考虑交割月份较远的合约，这样，在行情看涨时同样可以获利，行情看跌时损失较少；做空头的则可以考虑选择较近的合约，行情下跌时可以获得较多的利润。

3. 注意，上述的说法只是针对一般情况而言的。有些品种在一些特殊因素影响下，上述说法不一定成立。比如，农产品有季节性因素，远期月份如果正好是新作物上市时期，价格通常会较前期合约低，而且在行情上还可能出现高的更高，低的更低的走势。另外，如果某个月份出现逼仓行情时，各合约之间的价格走势也可能出现背离情况。

市况不明朗不入市

市况不明朗有各种情况：

1. 缺乏新的刺激因素，买卖双方均采取观望态度，交投疏落，行情牛皮，就会不明朗。

2. 多空交战，势均力敌，买卖双方力量的较量处于相持阶段，呈现拉锯状态，反复上落，就会不明朗。

3. 一番暴涨或一轮大跌后，出现风雨过后的平静，行情盘整，大势不明朗。

4. 等待一项重大消息，未知揭晓结果是利多抑或利空，呈现激战前的沉寂，趋势也会不明朗。

期货交易的目的是为赚钱，赚钱要讲机会。市况不明朗，就是机会未到。如果在行情不明朗时也不肯歇手，为炒而炒，很可能费神费力不挣钱，失去了投资意义。更为危险的是，由于一直混在市场中，离市场太近，正确判断大势的能力反而降低了，真的大行情来了，反而找不到方向了。“不识庐山真面目，只缘身在此山中”，就很好地说明了这种现象。

学会休息

交易者不仅应该在市况不明朗时趁机休息，还应该在大输或大赢后主动休息。

交易者的交易太不顺手，特别是打了大败仗，不仅表明了行情判断、交易理念及交易策略都存在着较大的问题，而且往往在这种时候，心态和情绪都会很差。继续交易，极有可能会越输越多，弄到不可收拾的地步。因而，在这种情况下，主动退出市场进行修整是非常必要的。

为什么交易太顺手，或者大赢一把之后，也需要休息呢？这可不是推理的结果。事实上，在大赢一把后继续交易的交易者中，接下来发生亏损甚至是大亏的比例极高，几乎已经成为一种普遍现象了。为什么会出现这种现象？通常的解释是：交易者在大赢之后极易产生骄傲及麻痹轻敌思想，正确判断行情的能力也会降低，结果，在后续交易中下单不谨慎，止损和止赢的做法也丢了，直至发生亏损，甚至有可能是大亏后才醒悟过来。

休息的好处是：一可以使自己从狂热的情绪中解脱出来，使绷紧的弦松弛一

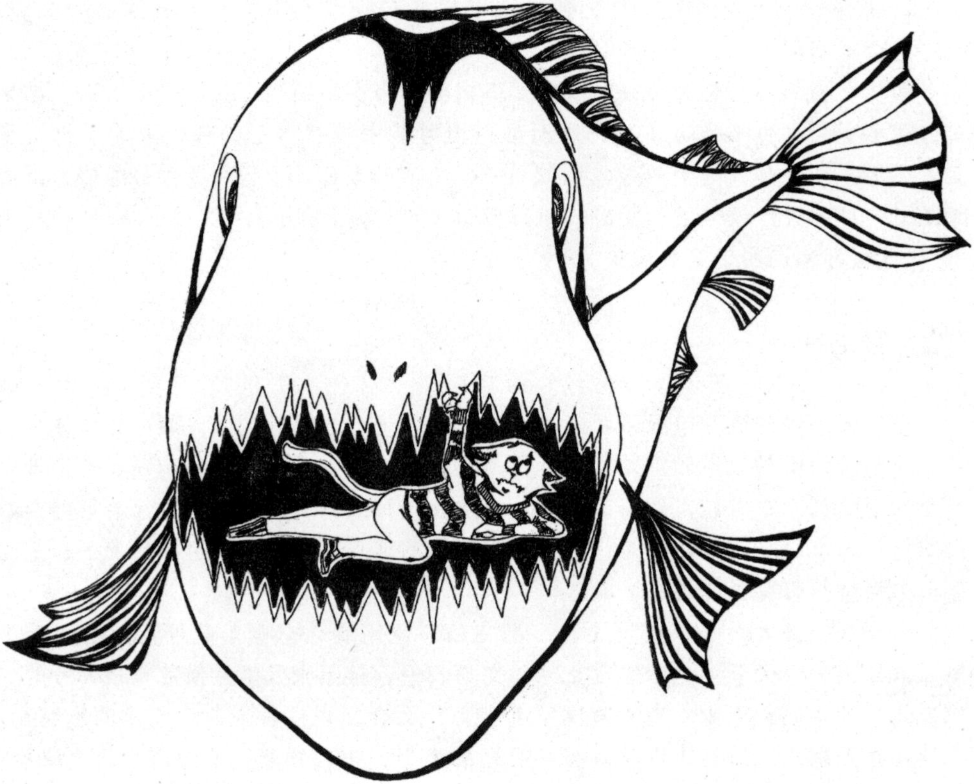

□ 市场有风险，步步须谨慎！

下；二可以有时间总结经验教训或通过学习来补充一些新知识；三可以凭借着“无货一身轻”的姿态观察市场，研究下一步的买卖方针，这样的观察可以说更客观，也更有利于制定出高质量的交易计划。

 期市生存之要——有效的资金管理

期市有风险，交易中有输赢乃兵家常事。要想成为一位成功的期货交易者，在初期阶段学会生存比赚钱更重要。而生存之道的关键在于掌握有效的资金管理方法。

优秀的期货高手都有这样的体会，一年之中，他们做错的交易要比做对的交易多，那么，他们怎么还能赚到钱呢？答案是：有效的资金管理。

资金多少是相对的，有效的资金管理与开户资金多少没有关系。资金管理方法应该以百分比来衡量。

有效的资金管理要求交易者任何时候不要出现弹尽粮绝的局面，任何时候都要确保第二天还能继续交易。

友情建议：每次的交易资金都不能过半，最好控制在1/3以内。

友情建议：无论何时交易都应严格执行保护性止损措施，亏钱的单子止损要快，赚钱的单子则可以留着跟大势走，最重要的一点是，永远不要在赔钱的单子上加码。

友情建议：在期货交易中，只有当风险与获利的比率在3比1之上时才值得进行，比如，单子赔钱的潜在风险是1000元，那么获利的潜在目标应该达到3000元。

期货交易中的基本面分析

期货交易中的输赢这么大，人们不免会想，如果可以提前知道期价涨跌就太好了！那么，期货价格究竟能不能预测呢？对此，有人作出了否定的回答，认为期货价格根本不可能预测；然而也有人认为可以预测。在交易实践中，各种各样的预测方法出现而且流行了起来。这些方法，从大类上分有两种，那就是基本面分析和技术面分析。下面，对基本面分析做一下介绍。

价格涨跌，谁主沉浮

市场上，商品的价格忽涨忽跌。有些商品，涨起来时居然在短时期内可以翻一番，而跌起来也不得了，杀半价的情况也会出现。是什么原因导致价格会如此波动呢？经济学家告诉我们，决定价格涨跌的根本原因是供求关系。

当商品供大于求时，商品的价格就会下跌。想想也有道理。供大于求时，肯定有一部分商品卖不出去，这时，不少人都会想到降价促销这一办法。而只要有人带头降价，在竞争的压力下，其他供应商就不得不随之而动，甚至掀起一股竞跌之风。

当商品供不应求时，商品的价格就会上涨。其道理也不难明白。供不应求时，一些为了先得到这种商品的需要者会宁愿出高一些的价格，这样，在需求者的竞价压力下，价格就会开始逐渐上涨。

 价格涨跌有没有好处

通常，人们总是希望价格稳定，认为价格波动不是好事情。其实，价格波动也并非全无好处。按经济学的原理来说，正是因为价格有涨有跌，才使得商品的供求之间不会出现长时间的缺口。因为价格涨跌可以起到调节供需的作用，起到弥补缺口的作用。

比如，供大于求时，降价会增加需求量和促使供应者减少供应量。显然，这些都是有利于扭转供大于求局面的。为什么降价会增加需求量呢？一是因为降价后，使用者会觉得便宜而增加使用；二是因为大多数商品之间有一定的替代关系，例如，豆粕和玉米都是重要的饲料来源，饲养业在使用时会比较它们的价格，如果豆粕价格大跌，饲养业会觉得多用豆粕少用玉米更经济，而这就是替代效应。为什么降价又会起到减少供应量的作用呢？那是因为在降价之前，该商品的生产商因为有利可图而愿意多多生产。而降价后由于利润降低，甚至亏损，生产的积极性自然就降低了。当一部分生产者减产或停产后，总的供应量就减少了。

同样，当供不应求时，涨价也会产生减少需求和增加供应的双重结果，其最终效应也是缓解供不应求的局面。

价格何以涨了又跌，跌了又涨

有丰富阅历的人都会有如此经历，一些商品的价格经常会涨了又跌，跌了又涨，呈现出一种周期性的状况。这说明了什么？说明市场供需这对矛盾是动态的，是始终存在的。

□ 横看成岭侧成峰

供大于求的局面形成后，价格会下跌，实际上，你也可以理解为下跌的价格发出了供大于求的信号。在价格下跌的过程中，供应量逐渐减少，需求量逐渐增加。一段时间后，市场可能已经达到某种程度的均衡，即供需相当。但由于市场的惯性作用，价格还会继续下跌，以致于不知不觉中，市场可能已经转化为供不应求的局面了。这时候，人们会发现，价格不仅跌不下去，反而又开始回升了。价格回升，是供不应求的信号。一路高涨的价格，一方面会促使使用者尽可能节约使用，减少需求，另一方面由于生产商的利润越来越大，会促使他们扩大生产能力，增加供应量，同时，高额利润还会起到诱使其他经营者加入该生产行业，使供应量进一步增长。然而，这些都需要时间，在增长的过程中，价格还会上涨，一直要等到供大于求的局面又形成后，才迎来另一个循环。

供需平衡能持久吗

尽管供需平衡是一种理想状况，但遗憾的是，即使暂时形成了这种格局，迟早也会被其他因素打破。这些“其他因素”有两个特点，一是多且复杂；二是在这些因素中，有些还是人类无法控制的，换言之，它要发挥影响，谁也奈何不了。

我们不妨举几个例子。

假设某种商品目前的价格是均衡价格，在这个价格下，供需双方不仅满意而且供需数量也差不多。但是，该商品的生产成本在科学技术进步的推动下，大大降低了。对生产商来说，暴利替代了原先的薄利。在这种情况下，生产商当然愿意扩大生产，提供更多的产品。于是，原先的供需平衡一下又变成供大于求的关系了。

又如，某一农产品的供需几年来一直处于均衡状态，价格几乎没有什么波动。但一场自然灾害，使得该产品的产量大幅下降，供需平衡的局面还能维持下去吗？或

者，该年恰恰是风调雨顺，总产量比往年高出许多，供需平衡的局面也还会被打破。

 库存是供求关系的重要表现

对一些重要商品，无论是生产、流通企业，还是国家，都会有一定的库存量。其中，国家库存表现为政府储备，政府储备不会因一般的价格变动而轻易投放市场，只有当市场供给出现严重短缺时，才有可能动用。但动用之后，还会在适当的时候补回来。

从一国的供求数量来看，期末库存与供求之间的关系式为：

期末库存＝期初库存＋当期产量＋当期进口量－当期出口量－当期消费

其中，期初库存、当期产量、当期进口量这三项为当期可供应量；而当期出口量和当期消费为当期需求量。如果当期可供应量大于当期需求量，则期末库存势必增加，反之，期末库存势必减少。

如果进出口渠道通畅，当国内供不应求时可以通过进口来弥补，这时实际进口价会成为影响国内价格的重要因素；当国内供大于求时可以通过出口来宣泄，这时实际出口价也会成为影响国内价格的重要因素。

期末库存减少，意味着当期需求大于供应，但不能下结论说价格一定会涨，因为还得看这个期末库存是否正常。比如，农产品以一年为周期，如果以月度作为观察期，则在收获季节之后肯定逐月减少。又如，某品种在以前积压太多，即使目前库存有所降低，但仍旧大大高于正常库存，价格就难以上涨。

基本面分析是什么

从商品供求关系决定价格走向这一思路出发，人们自然会想到，如果能够搞清

楚现有价格水平下，究竟是供大于求，还是供不应求，不就能够预测价格走向了吗？这个想法，理论上完全正确。但困难在于：未来时期内，需求量和供应量会有多少，自身就是不确定的。因为除了价格会影响它们外，还有其他各种因素会影响它们。比如，经济周期会影响它们，政府的经济政策、金融政策会影响它们，还有诸如国际市场行情因素、投机因素、季节因素等也会影响它们，再加上难以预测的自然因素、风云突变的政治因素一旦出现，对它们的影响就更大了。

所谓“基本面分析”，就是分析供求状况及分析影响供求状况的基本因素，分析的目的是为了把握供求状况，预测价格变化趋势。

基本面分析有价值吗

看了上面的介绍，读者一定能体会到：基本面分析不好做。的确，要做好基本面分析是不容易的。首先，基本面分析要求拥有及时准确的数据，全面可靠的信息，这些对于一般的投资者来说是很难做到的；其次，光有数据还不行，还需要有科学的统计及处理方法，这对于没有受过专业训练的人来说，仍旧是一道难题；最后，影响供求关系的因素有很多，不仅其中一些因素无法量化，而且有些因素甚至是无法预料的，比如，突发性的重大自然灾害、政治事件等。

然而，不容易做与有没有价值是两回事。应该说，基本面分析在行情预测方面不仅有其合理的地方，而且真正做好了其价值是很大的。尽管基本面分析也有盲区，不可能预测突发事件，但突发事件毕竟是小概率事件，它不是常态。

基本面分析的最大价值在于它的着眼点是行情大势，不被日常的小波动迷惑，具有结论明确、可靠性较高及指导性强等优点。

对于一般的投资者而言，即使自己没有能力进行基本面分析，了解和掌握相关

知识也是大有益处的。因为你可以凭借这些知识去读懂相关咨询，通过长期的积累，逐步提高自己的理解能力和判断能力。

期货价格比现货价格更敏感

有过期货交易经历的人都会发现，有些基本面方面的消息出来后，期货价格震荡剧烈，但现货价格却没有什么变化。为什么期货价格会如此敏感，如此强烈呢?

首先，期货价格是远期价格，它反映的是未来市场的供求关系，具有预期性作用。而现货价格是即期价格，它反映的是现在市场的供求关系。尽管未来价格与现在价格是有联系的，但其表现方式不同是合理的。比如，有时它会比现货价格高，有时又可以比现货价格低。

其次，大多数基本因素的变化，本身就是远期性质的，比如，国家的政策变动，通常会提前发布，其真正的影响作用在远期；又如，天气的变化，尽管是现在时，影响的是现在已经种植的作物，但这些作物实际上仍旧属于未来供应的内容。由于基本因素本身的远期性，其对远期的供求关系会产生重大影响，对现在价格的影响较小是正常的。

最后，期货交易采取买空卖空方式进行，因此，供求关系的变化对期货市场价格的影响会在很大程度上受交易者心理预期变化的左右，从而导致期货市场价格以反复的频繁波动来表现其上升或下降的总趋势。

经济周期对价格的影响

经济周期一般由复苏、繁荣、衰退和萧条四个阶段构成，通常用国民生产总值

(GNP)、国内生产总值（GDP）等指标来衡量。复苏阶段开始时是前一周期的最低点，产出和价格均处于最低水平。随着经济的复苏，生产的恢复和需求的增长，价格也开始逐步回升。繁荣阶段是经济周期的高峰阶段，由于投资需求和消费需求的不断扩张超过了产出的增长，刺激价格迅速上涨到较高水平。衰退阶段出现在经济周期高峰过去后，经济开始滑坡，由于需求的萎缩，供给大大超过需求，价格迅速下跌。萧条阶段是经济周期的谷底，供给和需求均处于较低水平，价格停止下跌，处于低水平上。这些是经济周期四个阶段的一般特征。在整个经济周期演化过程中，价格波动略滞后于经济波动。

为什么商品的价格难逃经济周期的影响？这是因为商品的供求关系都难以逃脱经济周期的影响。比如，萧条时期，其他商品的价格都跌，会导致实际生产成本降低，原先供需平衡的产品，如果不跌价，那么就会因生产利润增长而导致供应增长。另一方面，其他商品的价格都跌，原先供需平衡的产品，如果不跌价，则会被替代效应挖去一大块需求。两方面的综合结果就是原先供需平衡的产品也变成供大于求了，因此，也只能加入跌价的行列。

当然，不同的商品，受经济周期影响的程度不会一样。

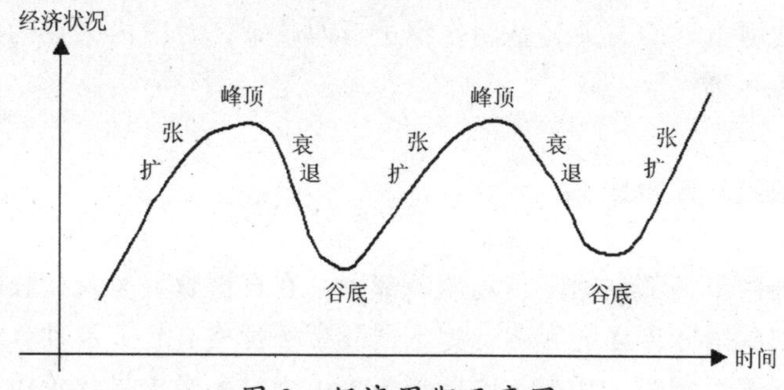

图 2　经济周期示意图

经济政策对价格的影响

政府的经济政策会对商品价格产生不同程度的影响，这种影响可以分为两个层面。其一是政府针对整体经济所制定的宏观政策；其二是对具体商品所制定的特殊性政策。

政府对整体经济制定的宏观政策，通常具有“反周期政策”特点。当总需求小于总供给，产生萧条和失业扩大化时，采取扩张性措施来刺激总需求；当总需求大于总供给，产生通货膨胀时，采取紧缩性措施来抑制总需求。调控经济的主要手段分别有：财政政策（包括收入政策）、货币政策和汇率政策。由于调控政策的出台往往是针对现实经济中的问题而作出的，会对经济走势产生一定程度上的影响。宏观调控政策会打破一些商品原有的供需关系，从而使价格发生变化。

对具体商品而言，政府所制定的特殊政策所带来的影响更为直接。比如，政府对某一品种的税收政策或进出口关税进行调整，将直接打破原有的价格平衡。具体的案例有：1996 年，美国国会批准新的《1996 年联邦农业完善与改革法》，使 1997 年美国农场主播种大豆的面积猛增 10%，从而导致大豆的国际市场价格大幅走低。还有，前几年我国出台的有关转基因作物进口的政策，对国内大豆的期货价格也造成了直接影响。

国际市场行情的影响

任何一个国内市场都是国际市场的一部分。在自由贸易时代，任何一国的国内市场都不可能摆脱国际市场的影响。如果国际市场价格有较大波动，国内市场想不受其影响几乎是不可能的。比如，国际市场上由于供大于求导致价格下跌，即使国

内自身供需是平衡的，能逃脱其影响吗？不能，因为国际市场的低价会吸引该国的进口商开始进口或增加进口。这样，原本平衡的国内市场因为进口增加也变得供大于求了，只有当价格下跌至进口商无利可图时，进口才会停止。相反，如果国际市场价格高了，国内市场的低价也维持不下去，因为这时出口商会活跃起来。

当然，国内市场价格受国际行情影响的程度与该国的开放度有关，开放程度越高，影响程度就越大，价格之间的联系就越紧密。比如，我国铜的生产和贸易开放得早，开放程度也相当高，以致于上海期货交易所的铜期货价格与伦敦金属交易所的铜期货价格之间的联系非常紧密。

汇率变动对商品价格的影响

汇率是本国货币与外国货币交换的比率。汇率变动时，两国货币之间原本的比率被打破，意味着商品的进出口价格也发生了变化。

例如，全球天然橡胶主产国集中在东南亚地区，在国际贸易中，以美元计价已经成为惯例。1997 年东南亚金融危机，东南亚各国货币纷纷贬值，导致国际市场上天然橡胶价格暴跌。又如，日本的天然橡胶全部依赖进口，即使国际市场上天然橡胶美元价格相当稳定，但在日本国内，由于日元与美元的汇率经常在变化，导致以日元报价的天然橡胶价格也不时波动。另一个例子是巴西。1998 年，巴西的货币雷亚尔大幅贬值，使巴西大豆的出口竞争力大幅提高，挤占了美国大豆的出口份额，使芝加哥大豆期价产生了一波下跌行情。

1994 年，我国人民币对美元的汇率大幅贬值，上海金属交易所的铜期货大幅上涨，也是一个典型的案例。

一般而言，一国的某种商品，其国内供需平衡对进出口的依赖程度越大，对汇

率变动的敏感度也就越大。因此，交易者如果进行这类商品的期货交易，就必须密切关注相关汇率的变动情况。

利率变动对商品价格的影响

利率变动或调整本身是政府宏观调控的一个手段。它对商品价格的影响是双重的，一方面，宏观调控后经济形势本身的变化会对商品价格带来间接影响，另一方面，利率变化后，商品供需双方的资金成本也发生了变化。不过，即使它对商品价格产生了影响，其影响力也是间接的。因而，其影响力不如汇率变动因素那么大。

尽管利率变动对商品价格的影响并不大，但对金融期货的影响却非常大。比如，对股指期货而言，利率波动可以说是重量级的影响因素；还有，在汇率期货中，一国利率是否变动，变动多少，也是交易者十分关注的重要因素；而在利率期货中，利率变动更是期货价格变动的直接原因。

自然因素对价格的影响

自然条件因素主要是气候条件、地理变化和自然灾害等。具体来讲，包括地震、洪涝、干旱、严寒、虫灾、台风等方面的因素。

农产品价格最容易受自然因素的影响，当自然条件不利时，农作物的产量就会受到影响，从而使供给趋紧，刺激期货价格上涨；反之，如气候适宜，又会使农作物增产，增加市场供给，促使期货价格下跌。例如，巴西是全球咖啡的主要生产供应国。有一年，巴西遭受严重霜冻，据说一夜之间冻伤了30%的咖啡树，消息一传出，国际咖啡期货价格就上涨了好几个停板。

气候因素已经成为农产品期货炒作的一个重要因素。由于各种农产品在播种期、成长期或收割期对气候的要求不一样，因而，在这些时期，主产区的气候情况及其变化就会引起交易者的十分关注，一有风吹草动，就会引起价格波动。

自然因素的重大变化对工业品和能源产品也会产生相当大的影响，比如，当生产、运输和仓储因灾难天气而造成较大损失时，价格就会上涨。

政治因素对价格的影响

政治因素主要指国际国内政治局势、国际性政治事件的爆发或国际关系格局的变化。

1980 年 1 月 4 日，美国为警告前苏联入侵阿富汗，决定向前苏联禁运粮食 1700 万吨，结果，引起芝加哥交易所闭市两天，到 9 日开市后又出现多次跌停板。

1999 年 11 月上旬，中美贸易代表团在北京举行关于中国加入世界贸易组织的谈判，消息一出，大连大豆期价即告下跌，猛跌一周，大豆 2000 年 5 月合约价格从 2240 元/吨下跌至 2060 元/吨。因为交易者都认为，一旦谈判成功，美国向中国出口大豆的障碍就消除了。

2001 年 9 月 11 日，美国发生震惊全球的恐怖袭击事件，商品期货价格普遍下跌，能源价格在一个月内下跌高达 40%左右。

在分析政治因素对期货价格影响时，应注意不同的商品所受影响程度是不同的。比如，国际局势紧张时，对战略性物资价格的影响就比对其他商品的影响大一些。

季节性因素对价格影响

有些商品的供应或需求具有季节性特点，如农产品的供应都是每年同一时期集中上市，而需求却是分散的。又如，活猪的屠宰、销售以及小猪生产期也有季节性特点。还有，燃油在冬季的需求量明显超过其他季节。

供需的季节性特点引发价格的季节性波动，这一点，在农产品上表现得特别明显。比如，有人经过统计比较，发现大豆市场的特点为：每年从三四月份开始，南美新豆上市，进口量增多，致使现货价格走到谷底，随着五六月份消费旺季的来临，价格从谷底缓慢回升，至七八月份大豆青黄不接时，价格达到年内峰顶，10 月份后由于北半球的新豆上市，价格再次回落至谷底，一二月份随年关消费高潮的来临，价格略有反弹，并于年关后重回三四月份的谷底。如此循环往复。

由于职业投资者和现货商都懂得季节性的影响，因而，这种特点一般在不同合约月份上会得到提前反应，比如，5 月合约对 3 月合约升水，而 11 月合约对 9 月合约贴水。但从全年走势来讲，期货价格的低点通常会在收获季节出现。有些交易者在判断后市时，会将其作为一个参考依据。当然，在应用之前，他们首先会对历史数据作定量的统计分析，从中发掘出更多有意义的信息。

投机因素对价格的影响

买涨不买跌是人们的一种普遍心理。当市场价格上涨时，赚钱效应会使更多人愿意买进，并且有些人还愿意进行实物投机，即买进货物后囤积起来。尽管这些购

买者并非是对货物的真正需求者，但至少暂时加大了需求，加剧了供不应求的局面。当市场价格下跌时，情况又反过来了，甚至连实际使用者也会降低储备量，这又加剧了供大于求的局面。

在期货交易中，这一现象不仅存在，有时甚至会表现得更突出。当市场处于牛市时，人气向好，一些微不足道的利好消息都会刺激投机者的看好心理，引起价格上涨；当市场处于熊市时，人心思空，即使有利好消息也会被忽视，而一些微不足道的利空消息则会被放大，以致于价格继续下跌。

与中小投机者相比，大投机商引发期价涨跌的能量更大，这也是交易者为什么特别关注大户持仓数量及方向的原因。例如，美国的 CFTC 每周五定期公布商业性和非商业性（通常认为是基金）的持仓报告，这份报告会被分析人士和交易者广泛重视，而重视的目的就是希望能够从中了解大户的动向。

大投机商如果过度投机，很可能导致期价非理性的涨跌，这种涨跌，用其他合理的因素是无法解释的。比如，美国的白银期货，从 1979 年的每盎司 6 美元一度上涨到 1980 年年初的 50 美元，但那是亨特兄弟操纵的结果。后来由于操纵失败，银价又回到了老地方。

基本面分析对数据的基本要求

没有数据谈不上分析，这一点可以说交易者都明白。然而，什么样的数据才是合格的，才是对判断行情有用的，就不是所有交易者都清楚了。比如，有报导说：“某地棉花产量今年有望比去年增产 10%”。这一消息对行情是利多还是利空？有人可能会不屑一顾地回答，供给增加，显然是利空。能下这个判断吗？不能！因为该地增产不等于其他地方也增产。如果报导的内容为：“我国棉

花产量今年有望比去年增产10%”或“全球棉花产量今年有望比去年增产10%”。其意义就不一样了。然而，仅凭此还不足以判断供需关系，因为还不知道今年需求情况怎么样。如果今年全球棉花需求有望比去年增长15%，恐怕大家还是认为行情应该上涨。

显然，基本面分析要求的是能够全面反映供需两方面的数据，归纳起来就是全面系统。单方面的数据不足以判断，局部的数据更无用处。

充分利用公开性的专业报告

要获得全面系统的数据，谈何容易。如果你寄希望于自己亲力亲为，那还是趁早放弃，因为你即使整日不休息也干不好。好在现在咨询传媒发达，大多数的国家政府都有专门的机构在干这活，问题是你会不会利用。美国农业部（USDA）每年、每月、每周都会定时公布世界和美国主要农产品的供求报告。比如，每月10～13日发布的月度报告，公布小麦、玉米、大豆等主要农产品的供需平衡表即供需报告。内容包括世界和主要农产品生产国的主要产品的种植面积、收获面积、平均单产、产量、期初库存、期末库存和进出口量等。周一上午公布上一周大豆、玉米、小麦、豆粕、豆油等农产品出口装船的检验报告，并按国家和地区进行了细分；周四上午又公布上一周大豆、玉米、小麦、豆粕、豆油等农产品出口销售报告。报告按国家和地区进行了划分；周一下午还公布作物生长进度报告。包括作物的优良率、开花、结荚、抽穗、扬花等指标，以此判断作物的生长情况和产量。还公布天气和农作物概况。所有这些报告，提供了大量的基本数据，事实上也已经成为期货交易者在进行基本面分析时最重要的依据了。

数据比较，大有讲究

如果有报导说：今年棉花增产10%，需求量增长8%，是不是一定供大于求呢？还不一定。因为你必须结合历史数据进行分析后才能判断。如果今年增产10%是在过去几年大幅减产的基础上实现的，很可能今年的实际产量仍旧低于需求量。即使是实际产量与需求量差不多，也可能因为去年库存大幅减少仍旧显得供应紧张。又如，12月份活猪报告显示生猪屠宰数量较去年同期增加10%，是否真的反映了需求的增加呢？如果前一年度的数值是非常低的，在历史数据中也属于异常，那么今年需求恢复正常，尽管出现了10%的增加，利多程度也会大打折扣了。显然，在判断供求关系的现状时，仅使用前后两年数据比较就得出结论可能存在偏差，科学的比较就必须结合更多的历史数据。

供求状况与价格的关系是相对的

交易者很容易犯的一个错误是将供求状况绝对化，脑中只记得：供大于求，价格必跌；供不应求，价格必涨。表面上看，这似乎很合理，其实不然。那么错在哪里呢？错在他们忘了：供大于求也好，供不应求也好，本身是与价格水平有关的。供大于求是指在一定的价格水平上的供大于求，价格下跌后，是不是还是供大于求就不好说了，有可能跌过头后，供大于求反而转化为供不应求了。

比如，拍卖会上有两张邮票，标价1万元时，有50个人举牌，显然是供不应求；标价10万元时，只有1个人举牌，这时还能说供不应求吗？又比如，2004、2005年度美国玉米单产可能会达到创纪录的155蒲式耳/英亩，而2004年却只有

146.3 蒲式耳/英亩，这预示着 2005 年新玉米的供给将会超过往年。当大幅增产的消息第一次公布后，价格下跌的可能性比较大。但是，如果玉米价格已经因此而下跌了 20%，当这一消息仍旧在相关报告中出现时，是否还意味着是利空呢？一些基本面分析师之所以会在价格形态的底部继续看空，就是因为犯了将供求状况绝对化的错误。所以，基本面的因素到底是利多还是利空，是相对于价格水平而言的判断，而不是绝对的判断。

连续跟踪，方能明事

看一本侦探电影，只有从头看起，才能理解剧中的人物和情节。如果电影演到一半才进场观看，由于不知道前面的故事，产生莫名其妙的感觉是难免的。同样，在期货交易中，人们对新出现的信息能否理解也与是否连续关注有关。

比如，新进场的交易者看到一条信息说，世界棉花产量估计会增加 10%，那么他的第一反应就是看空棉花。但是如果早在几天之前就有类似的预测认为产量将增加 12%，那么人们的理解显然就不一样了。又如，最新报导说，谷物主要生长带的部分地区气温达到华氏 100 度。这是否能成为做多的理由？如果事实上是过去 3 周这些地区一直在下雨，那这个消息还真不能算作坏消息。还有，天气对某地的作物造成了某种损害，损失是真的，并且供应量也减少了，但是市场对之却没有反应。怎么回事？你也许后来才明白，原因是其他地方的供应太多了。而这些消息前面都有过报导，只不过你没有留心，或当初还没有入市。

显然，对相关信息连续跟踪是极其重要的，只有将新信息结合旧信息一起研判，才能更好地理解和把握新信息。对新入市的交易者而言，尤其要注意避免“电影演到一半时才进场观看”的尴尬，不仅要多观察些时间，而且要花时间回顾浏览

以往的历史资料。

考虑因果关系，不能忽视时间因素

交易者在研究基本面时，有时会进行逻辑推理，但要注意的是：即使其前提是成立的，也不能忽略时间因素。例如，饲用谷物价格在未来高企，则禽肉和猪肉价格也将会上涨，于是应该在这些品种上做多。尽管这样的逻辑推理的确是合理性的，但如果忽略了时间因素，效果很可能适得其反。

从长期来看，如果用来制作饲料的谷物原料价格上涨，会增加家禽和猪、牛的饲养成本，确实可能会造成肉的供给减少，价格上涨，也就是饲用谷物价格和禽肉、猪肉价格之间确实存在着正相关的因果关系。但是如果从短期来看，两者之间正相关关系完全可能不正确。因为当谷物价格提高的同时，肉类价格由于竞争压力未必马上能提高。由于饲料价格是实实在在上去了，饲养户的成本加大了，当他们难以承受时，很可能采取的措施是降价促销以减少存栏数量。这样，在短期内，饲用谷物价格和肉类价格之间反而成了负相关关系，导致抢先买进肉类期货的交易者亏损。总而言之，在进行基本面之间逻辑推导时，必须注意时间因素，有一些因果关系可能会立即发挥作用，但也有一些却存在着时间滞后。

商品成本，不一定能成为价格底线

价格下跌到很低时，交易者难免会将价格与产品的生产成本进行比较。的确，价格如果长期低于生产成本，生产者会考虑退出该品种生产，最终导致供应大幅减少，促使价格回升。但是，必须知道，这也需要时间。在大规模减少供应

未成为现实之前，价格跌破成本甚至相当一段时间内一直在成本之下运行仍是可能的。

当然，不同品种的价格，在生产成本之下运行的可能性不一样。一般而言，可以储存的品种，如金属铜、铝、黄金等，生产成本的支撑力度大一些。但对农产品来说，支撑力度就弱得多。即便价格下跌到成本以下，如果供给仍然大于需求，价格就还可能下跌。由于农产品种植的季节性和种植刚性，价格的调整一般至少需要经过 1 年甚至几年的时间。

在国际农产品期货市场上，曾经几度出现过期货价格低于农产品成本价格的现象。比如，白糖期货市场上，糖价居然跌到比包装袋价格还低的程度，换言之，等于是糖不要钱了。为什么会如此，因为当时的糖实在太多，由于储存条件有限，不使用就会自己融化，如果能出售，至少还能回收包装袋的成本，总比分文不值好。

长期价格比较，留意价格水平的调整

当我们使用历史价格数据进行分析时，如果不考虑通货膨胀的因素将会给分析结果带来较大的误差。所用的历史数据时间越长，可能带来的误差就会越大。比如，我们通过某农产品的基本面数据对比，发现 2004 年的基本面与 1965 年、1979 年时候的基本面非常相似，如果直接将这 3 年的名义价格比较，肯定会带来误差，不利于科学度量产品的合理价格。如果考虑通货膨胀的因素，显然今年价格的绝对水平要比 1965 年和 1979 年高出许多。

又如，伦敦金属交易所的金属价格是以美元标价的，2001 年至 2004 年初，金属价格大幅上涨。而与此同时，美元却连连贬值。两相比较，不难发现，对世界上

那些货币升值的国家而言，金属价格的实际涨幅并没有名义涨幅那么大。

 对相关国际组织的限价不能迷信

国际上许多商品都有相应的组织，比如国际糖贸易协定、国际咖啡贸易协定、天然橡胶国际组织、石油输出国组织等。这些组织通常是由该商品的主要生产国组成的，目的是为了保护成员国的商业利益。在实际运作中，企图影响市场价格，甚至制定相应的限价条款是常用手段。

这些限价条款确实可能会对期货价格产生暂时的支撑作用，但是必须明白：主导市场的主要力量还是供求关系，这是保护协定所左右不了的。所以，在做基本面分析时，不可对这些限价措施迷信。比如，石油输出国对油价的影响，每到关键时刻往往会失效，油价不是跌落到他们的底线之下，就是上涨到规定价格之上。过分迷信这些价格限制，在期货交易中会吃大亏的。

伦敦金属交易所“大锡危机”也是一个典型的案例。由马来西亚、印尼、秘鲁、巴西、泰国和玻利维亚等国组成的国际锡理事会有着全球90%以上的锡产量。在他们的控制之下，国际大锡价格一直居高不下。1985年10月，国际锡理事会成员国终于因无力在高位承接大量卖盘，被迫宣布政府行为不可抗力。价格直线下落，造成巨额亏损。伦敦金属交易所也被迫于当年关闭大锡交易。

应用基本面分析必须注意的事项

1. 有些交易者在交易时，很关心基本面方面的消息，但仅仅是看看而已，然后凭借着自己的理解对行情作出预测或判断。这不是严格意义上的基本面分析。真

正的基本面分析需要做大量的工作，不仅需要收集资料，更重要的是对数据和资料进行科学处理。比如，应用统计技术进行定量分析，建立计量经济模型，利用计量经济模型及应用电脑分析计算各要素之间的制约关系等。只有这样，预测才不是流于形式的，也能够提高预测的精度。

2. 利用基本面分析预测行情，也有盲区和局限性，因此不能迷信。比如，资料和数据只能告诉你过去的情况，既不可能包括所有的因素，也无法预测突发因素。这些都会影响预测的能力与预测的精度。

3. 基本面分析的长处和优点是抓大势，但即使看对了大势，在何时入市这个重要问题上不一定能够把握好。比如，2002 年初，全球天胶期货辞熊走牛。在此之前几个月，国际橡胶研究组织通过供需及库存数据比较，已经作出了提醒。但如果据此提前进入期货市场，不知要受多少折磨，弄得不巧还会亏损出场。因此，有成功人士建议：何时入场，向技术分析方法请教或结合技术分析方法更好。

期货交易中的技术面分析

运用技术面分析方法对期货行情进行预测，在期货交易者中极为普遍。可以这么说，即使是偏好基本面分析的交易者，一般也不会排斥技术面分析，但反过来却不成立。由此可见，技术面分析在期货交易中的影响力。本篇对技术面分析作简要介绍。

什么是技术面分析

技术面分析是通过对市场行为本身的分析来预测市场价格的变动方向。市场行为本身如何，会在价格、成交量及持仓量三方面表现出来，这三方面的数据不仅都是即时公开的，而且都是客观的。如果将这些数据按照时间顺序绘制出来，就可以形成图形或图表，技术面分析就是针对这些图形或图表进行分析研究，以预测期货价格走势。

市场行为反映一切——技术面分析法前提之一

“市场行为反映一切”是技术面分析法的一个重要前提或理论基础。基本面分析认为：供求关系决定价格。对此，技术面分析法不仅完全认同，并且强调，只要

价格上涨，不论是什么因素起了变化，归根结底一定是需求超过了供给；价格下跌，那一定是供给超过了需求。换言之，市场行为会将所有基本面因素的变动即时反映出来。既然影响市场价格的所有因素最终必定要通过市场价格反映出来，那么又何必费心劳力地去探究具体原因呢，研究价格就足够了。技术分析认为：不理会价格涨跌的原因，直接研究价格有很多好处。比如，有些行情在运行和发展期间，不一定当即能找出市场如此变动的原因，这些原因很可能在事后逐渐显露或明朗化。技术分析由于不追究原因，只承认行情已经发生的事实，更容易抓住机会，而坚持基本面分析的交易人士由于习惯于找到原因后才进行交易，不仅会错过行情，甚至还会由于不理解而做反了行情。

如果市场价格不能反映价格变动的原因，价格变动就是毫无原因的，那么，预测不仅是不可能的，也成了毫无意义的事情了。由此，不难理解，为什么技术分析法必须将承认“市场行为反映一切”作为其重要前提或理论基础了。

价格变动有趋势——技术面分析法前提之二

如果价格走向没有趋势，杂乱无章或随机游走，也就不存在预测的可能了。在学术界，的确有一个“随机行走理论”，他们认为股价和期价是随机行走的；由此可以断定，预测的正确率也是随机的；进一步的推论就是，交易者的交易业绩也是随机的。他们认为：期货交易中的成功人士之所以成功是他们的运气好，与他们的预测能力无关。显然，在他们看来，要预测随机行走的价格是不可能的，所有预测方法也都是不可靠的。

对此，技术面分析派认为：趋势是客观存在的，打开任何一张价格走势图，都可以很容易发现趋势存在的证据。正因为趋势是客观存在的，所以，预测才会变得

既有意义也有可能。成功预测趋势，抓住趋势交易，不仅可以战胜市场，获得利润，有时甚至可以获得超额利润。因此，预测趋势，制定顺应趋势的交易系统也就成为技术面分析派的最高境界。

市场价格的走势有时候呈现出趋势状态，但有时候也会出现横向延伸这种无趋势状态。当市场进入“没有趋势”阶段时，大多数技术面分析工具和交易系统通常会表现拙劣，甚至根本不起作用。这时，技术型交易商最易受挫折，而采用交易系统的人也会蒙受较大的损失。所以，对技术面分析而言，识别“趋势市”和“无趋势市”自然成了一项重点工程。

历史经常会重演——技术面分析法前提之三

“历史经常会重演”，这也是技术面分析法的一个前提和理论基础。自有期货交易以来，期货价格一直在各种因素支配下涨涨跌跌。尽管没有完全一模一样的行情，但在期货价格走势上表现出的趋同性很早就引起了交易者的关注。于是，一些喜欢思考的分析家和交易者对研究以往的交易资料非常重视。比如，在图形研究上，一开始有人将经常出现的图形进行归类；进一步研究后又发现，有些图形出现之后，后面的走势无法确定，比如，有的涨，有的跌，涨跌的比例差不多。然而，也有一些图形不是这样，一旦出现，后市上涨的概率远远大于下跌，或者下跌的概率远大于上涨。这就引起了他们的重视。既然这些图形在概率上具有明显的倾向性，内中肯定具有原因。即使这种原因无法解释，但在今后的交易中一旦出现，应该可以作为一种借鉴。必须明白，这种思维方式，事实上就是建筑在相信“历史经常会重演”的基础上的。从理论上剖析，这种方法是一种经验方法。尽管经验方法不等于科学，但在实用中还是有其利用价值。即使在目前科学界的预测工作中，如

天气预报、地震预测等，也还离不开经验方法。当某一种图形在历史上出现后十次有八次下跌时，你预测下跌概率80%，不是与“明天降水概率80%”的天气预报方式差不多吗？

技术面分析大家庭

技术面分析是历史经验总结。在长期的交易实践中，交易者从不同的角度出发进行总结，于是产生了形形色色的分析方法。方法之多，完全可以构成一个技术面分析大家庭了。在这个大家庭中，除了有K线分析、形态分析、移动平均线分析、指标分析外，还有波浪理论、江恩理论等。这么多东西，对于初学者而言，的确不是三五天就能看明白的。不过，只要有心，慢慢地看下去，理解起来也不是很难。再加上现在咨询发达，打开电脑中的行情页面，不用你计算，也不用你画图，各种技术面分析的东西都可以按照你的需要随时调出来，容易多了。初学者惟一需要做的就是将这些方法的含义搞清楚就行了。

闪电图与分时图

期货交易中，有一种图的标价方法是，每有一个成交价就在图中标一点，这叫做闪电图或“Tick”图。另一种图称为分时图，那是在图中按时间等分，将每分钟的最新价格标出，随着时间延续就会出现一条弯弯曲曲的曲线。

图3是大连商品交易所2004年10月15日黄大豆501合约日内走势图。图中上框内较粗的就是价格，较细的是当日即时均价；下框内竖直线为交易量，曲线为即时持仓量。

闪电图和分时图的好处是过程清晰，但其缺点是不适用于较长时间的分析。因而，这两种图通常只是在日内交易时使用。如果分析的时间段长一些，就要用其他图形了。经常用于技术面分析的图叫做 K 线图，另一种叫做竹线图。

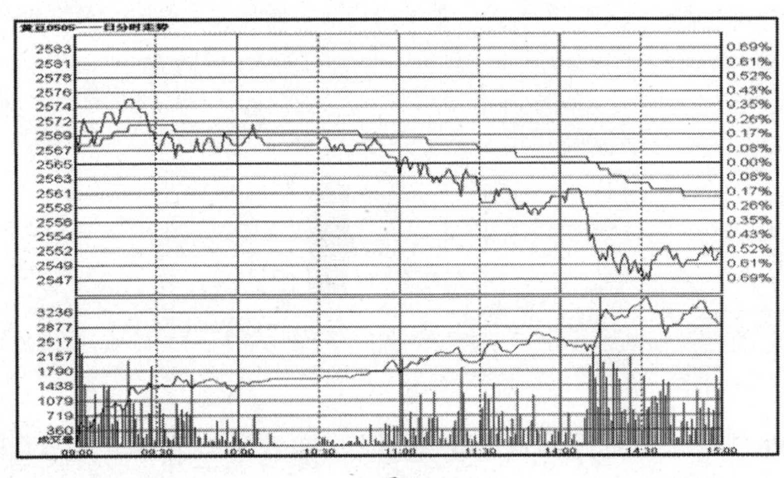

图 3

K 线图

由于 K 线图形似蜡烛，又称蜡烛图。在 K 线图中，每根蜡烛代表一个规定的时间段，这个时间段可以是 5 分钟、60 分钟、1 天、1 周、1 月甚至是 1 年。如果是 1 天，则称为日 K 线图；如果是 1 月，则称为月 K 线图。K 线图中，只保留该时间段内的四个价格，那就是开盘价、收盘价、最高价和最低价。

绘制 K 线图的规则是：纵轴代表价格，横轴代表时间，开盘价与收盘价形成

一个矩形。当收盘价高于开盘价时，这个矩形以白色表示，称为阳线；如果开盘价高于收盘价，这个矩形以黑色表示，称为阴线。有时为了加强视觉效果，还用红色代表阳线，蓝色代表阴线。最高价和最低价的画法是：在相应的价位上作点，然后用线段与矩形相连。这时，最高价与矩形相连的一段称为上影线，最低价与矩形相连的一段称为下影线。

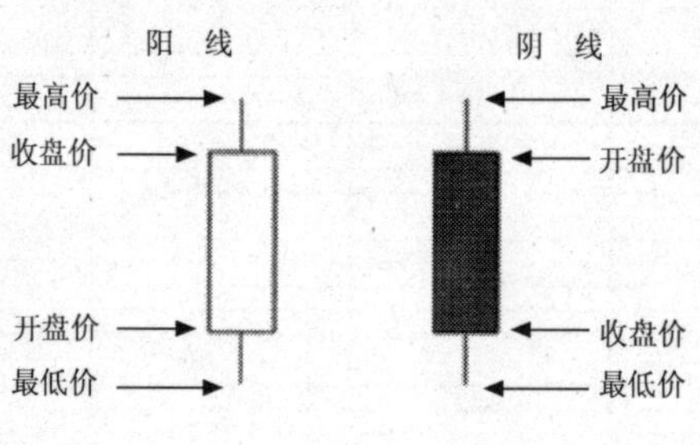

图 4

观察 K 线图，可以很明显地看出该日市况“低开高收”还是“高开低收”，形象鲜明，直观实用。

竹线图

竹线图与 K 线图组成要素完全一样，其惟一差别是：最高价和最低价之间为一条竖线段，开盘价以位于竖线左侧的短横线表示，收盘价以位于竖线右侧的短横线表示。

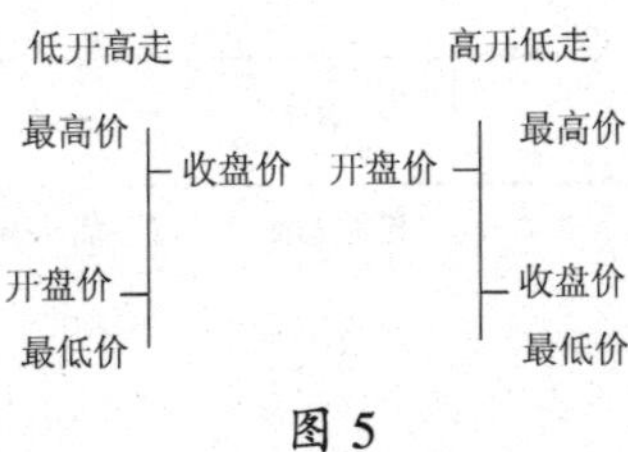

图 5

K 线的基本类型

K 线图非常简洁地将该段时间内买卖双方的争斗结果反映了出来，矩形的颜色、长短及上下影线的长短，都很直观，不会引起混淆。也因为有这些好处，自从被发明出来后，就一直被广泛利用着。在应用中，人们将不同意义的 K 线分门别类，并赋予其名称。一些常见 K 线的分类图形、名称及含义在下表列出。

表 1　　常见 K 线分类图

	图形	名称	含义说明
1	← 最高价/收盘价 ← 最低价/开盘价	长红线或大阳线	表示强烈的涨势。阳线的长短，代表着买盘的强劲程度，阳线越长，说明买盘越强
2	← 最高价/开盘价 ← 最低价/收盘价	长黑线或大阴线	表示强烈的跌势；意义与大阳线相反

续表 1

	图形	名称	含义说明
3	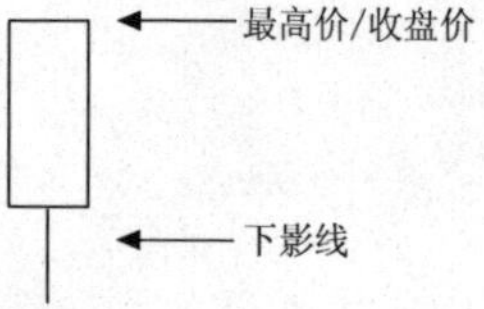 最高价/收盘价 下影线	先跌后涨型	预示买盘较强，仍保持继续上升的势头
4	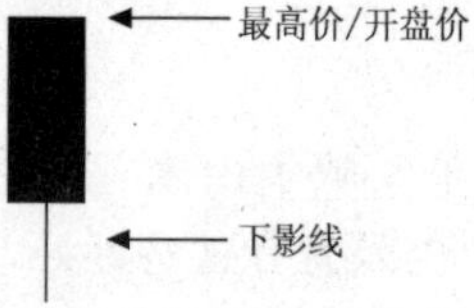 最高价/开盘价 下影线	下跌抵抗型	预示下跌受到抵抗
5	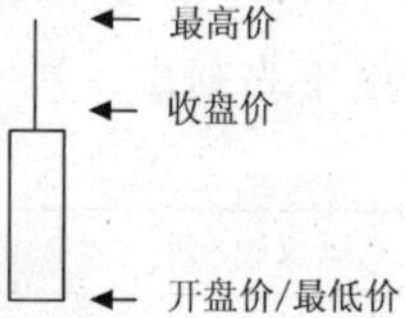 最高价 收盘价 开盘价/最低价	上升阻力型	表示上升受到抵抗
6	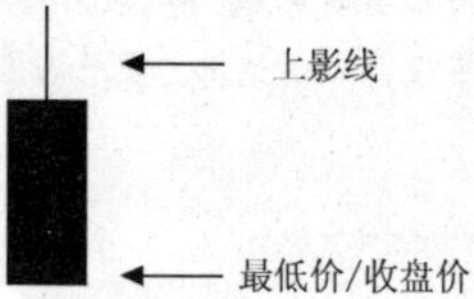 上影线 最低价/收盘价	先涨后跌型	预示卖盘较强，仍处下降趋势之中
7	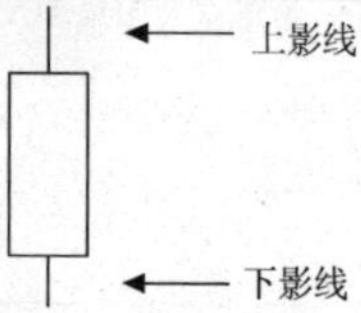 上影线 下影线	反转试探型	表示上升暂受阻，但后市仍然看涨

续表 2

	图形	名称	含义说明
8	上影线 下影线	弹升试探型	表示下跌暂受阻，但后市仍然看空
9	① ② ③	十字型	买方与卖方几乎势均力敌
10	最高价/开盘价/收盘价 最低价	T 型	多空较量由弱转强，转跌为升的信号
11	最高价 开盘价/收盘价/最低价	倒 T 型	跟 T 型相反，表示多空较量由强转弱，这是转升为跌的信号
12	开盘价/最高价/最低价/收盘价	一字型，四价合一	常出现在涨跌停板之时，是涨势或跌势最强的走势

成交量和持仓量是不可忽视的次要指标

期货交易中，价格当然是最重要的第一性指标，但成交量和持仓量也不能忽视。有人认为，如果给价格的重要性打 5 分的话，成交量和持仓量就可分别打 3 分和 2 分。

成交量是重要的人气指标，同样上涨，成交量大表明人气足，表明市场对上涨的强度和迫切性更高，反之，上涨的压力就小得多。通过观察成交量水平，人们能够更好地估量市场运动背后买入或卖出的压力，因而，技术分析人员经常利用成交量资料来验证价格运动，或者作为识别价格变化可靠与否的警讯。

持仓量同样反映了市场人气。持仓量增加，表明资金在流入市场，如果持仓量减少，则表明资金在流失。与成交量一样，技术分析人员也经常利用它来验证价格运动的强度，或者作为识别价格变化可靠与否的警讯。

持仓量与价格关系的常规判断

一般认为，持仓量和价格走势之间有如下关系：

第一，上升趋势中，价格上涨的同时持仓量增加。持仓量增加，说明不断有更多的新交易者入市。市场价格上升又说明市场上买气压倒卖气。这是一个看涨信号。

第二，上升趋势中，价格上涨的同时持仓量下降。说明价格上涨的动力主要来自空头的平仓，市场整体资金在流失。一旦空头割肉过程完结，上升趋势就失去上涨的推动力，因此这是一个看跌信号。

特别要注意的是，在市场顶部出现涨爆的情况。这时候，价格已经过长期上涨。突然急剧上冲的同时是交易量大大增长及持仓量显著下降。市场上大规模的平仓活动很可能预示着趋势生变。

第三，下降趋势中，价格下跌的同时持仓量增加。持仓量增加，说明不断有更多的新交易者入市。市场价格下跌反映出新的卖方大胆积极，表明趋势持续发展的可能性增加，因而是一个看跌信号。

第四，下降趋势中，价格下跌的同时持仓量减少。说明价格下跌的动力主要来自多头的割肉平仓。一旦持仓降到足够低，多头割肉过程完结，下降趋势很可能即将终结，因此这是一个看涨信号。

同样，特别要注意在市场底部出现抛售高潮的情况。这时候，价格在长期下跌的基础上，突然急剧暴跌。与之同时，交易量大为增长及持仓量却显著下降。大规模的平仓活动在警告我们风雨即将来临，趋势可能变化。

常规判断不能机械套用

千万要注意的是：上述说法不过是一些常规判断，不能机械套用。

比如，随着时间的进展，交易者为避免交割，会主动将近期合约平仓，转移到后面的合约上去，这时，前期持仓量自然日减，后期持仓量则日增，如果机械地套用上述规则很可能误判。对此，有些技术分析专家建议：持仓量的计算，应该以同品种所有合约的持仓量为依据。

又如，当一场主要的市场运动接近尾声时，持仓量也已经随着价格趋势的发展增加到较高水平，一旦持仓量不再继续增加，也可以看作趋势即将生变的先期警讯。如果这时候价格突然大幅反向，信号意义就更强烈，因为大量在趋势末期跟进的单子悉数被套，割肉平仓本身就会成为一种反向推动力。

还有，长时期的价格盘整中，持仓量逐渐累积增加后，一旦爆发行情，力度就会很大。其实，这也与持仓量有关，因为发生价格突破后，失势的一方的割肉平仓行为会加剧行情的发展。

总之，持仓量变化的信息能够给我们判断行情提供一些帮助，但在使用中一定要具体问题具体分析，切忌生搬硬套，乱贴标签。

什么是趋势

趋势就是市场价格的方向。不过，为了便于实际应用，我们需要更具体的定义。在通常情况下，市场价格不会朝任何方向直来直去。在图表上，市场价格的表现特征就是曲折蜿蜒，它的轨迹酷似一系列前赴后继的波浪，具有相当明显的峰和谷。所谓市场趋势，正是由这些波峰和波谷依次上升或下降的方向所构成的。无论这些峰和谷是依次递升，还是依次递降，或者横向延伸，其方向就构成了市场的趋势。所以，我们把上升趋势定义为一系列依次上升的峰和谷；把下降趋势定义为一系列依次下降的峰和谷；把横向延伸趋势定义为一系列依次横向伸展的峰和谷。但习惯上，人们不愿意把横向延伸看作趋势，通常用“没有趋势”来表明横向延伸行情。

趋势线、支撑线、阻力线及轨道

所谓趋势线就是上涨行情中两个以上的低点的连线以及下跌行情中两个以上高点的连线，前者被称为上升趋势线，后者被称为下降趋势线。趋势向上，称之为“牛市（Bullish）；下跌称之为熊市（Bearlish）”。牛市与熊市是欧美惯用的术语。

趋势线在性质上又可分为“支撑线”及“阻力线”。

支撑线是图形上每一个谷底最低点间的连线。

阻力线也称为压力线，它是图形上每一个峰顶最高点间的连线。

在两条平等的压力线与支撑线之间所形成的范围，常称为轨道。同样，轨道亦可分为上升轨道与下降轨道。

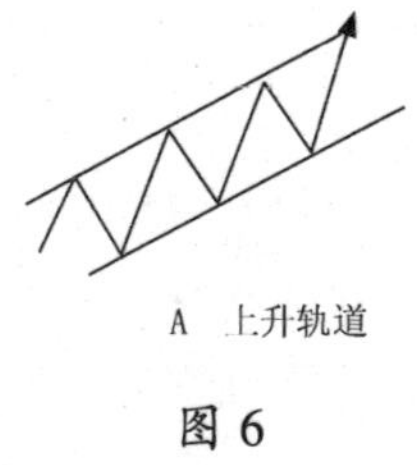

A 上升轨道

图 6

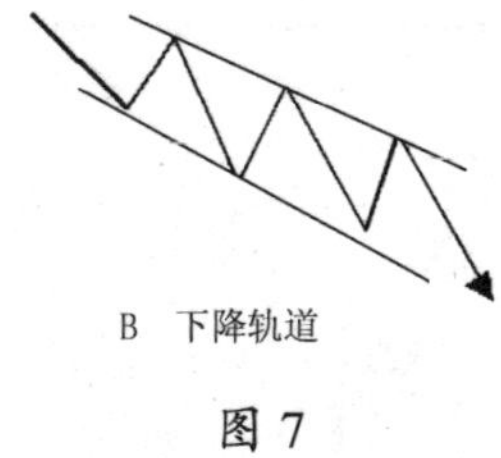

B 下降轨道

图 7

趋势有级别

当一条趋势线在时间上涵盖数月之久，按道氏理论的分类便称之为主要趋势线或长期趋势线。主要趋势是趋势的主要方向，也是期价波动的大方向。如果将观察时间压缩在主要趋势中的调整期内，则可以发现，这调整期内的走势实际上也形成了趋势，也可画出相应的趋势线。道氏理论将这较短时间的趋势线称之为次要趋势线；对次要趋势进行更进一步的观察，可以发现其中还存在级别更小的反向调整。道氏理论将这种更短时间的反向调整称之为短暂趋势，相应的趋势线称为短暂趋势线。三种不同级别的趋势的最大区别是时间的长短和波动幅度的大小。

图 8 是伦敦三月铜在 1995 年至 2003 年 6 月的周 K 线图，从图上很容易发现：主趋势是下跌的；但下跌途中也有反弹，反弹的时间也不短，有的甚至持续了一年多。在这期间，反弹形成了次要趋势；而在次要趋势中，又有许多短暂的回调出现，可以看作为短暂趋势。如果在日 K 线图中观察，我们甚至还能发现级别更小的趋势。

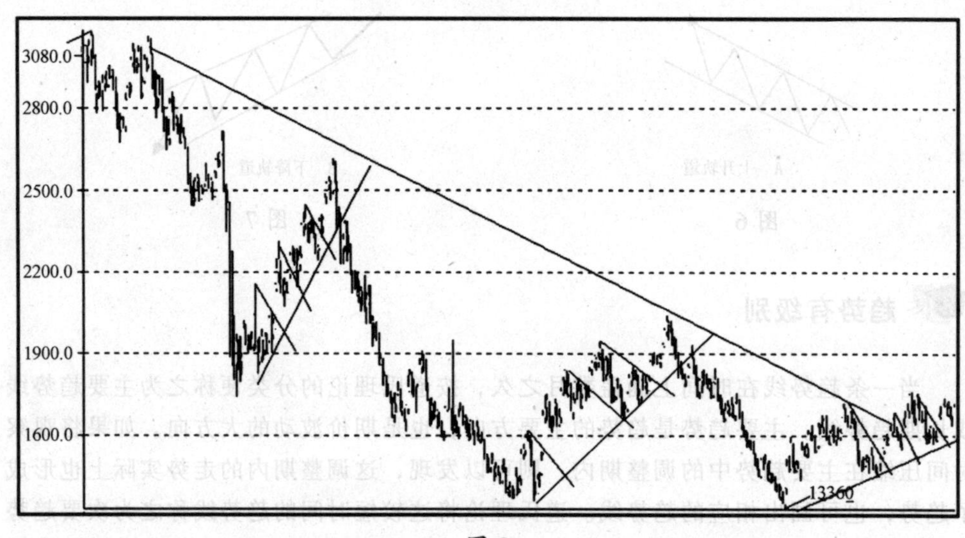

图 8

趋势线的确认及调整

趋势线很容易画，但必须经过验证才能确认。首先，必须确实有趋势存在。也就是说，在上升趋势中，必须确认出两个依次上升的低点；在下降趋势中，必须确认两个依次下降的高点，才能确认趋势的存在，连接两个点的直线才有可能成为趋势线。其次，画出直线后，还应得到第三个点的验证才能确认这条趋势线是有效的。一般说来，所画出的直线触及的次数越多，其有效性越强，用它进行预测越有效。另外，趋势线延续的时间越长，也越有效。最后，当行情进一步发展后，应该

及时调整，制作新的趋势线，使其更符合实际情况。如下面两图中，1 号趋势线都是最早作出的，但随着行情的发展，又可以作出 2 号趋势线。

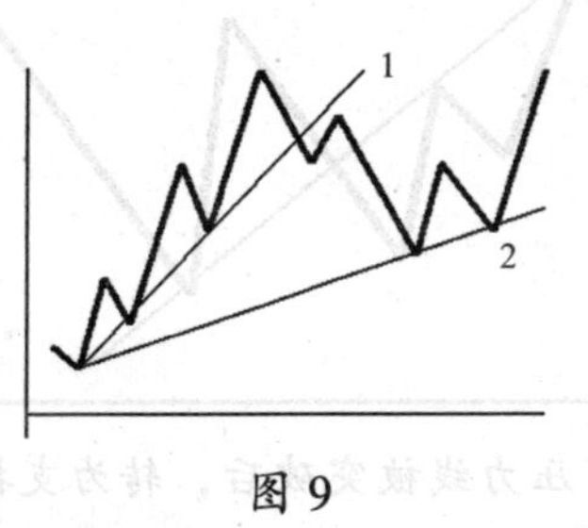

图 9

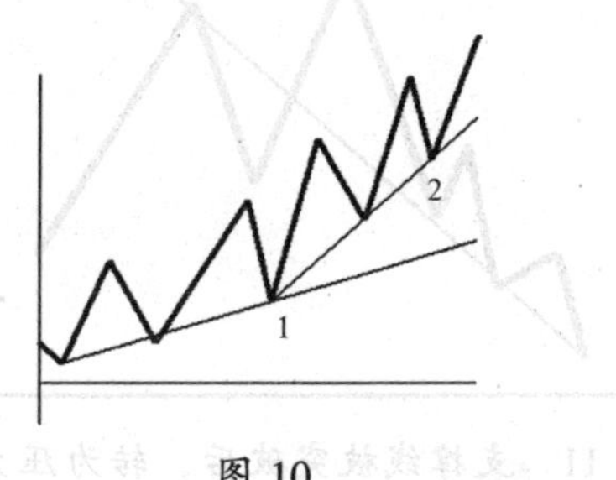

图 10

趋势线的作用

一般来说，趋势线的作用有：

1. 对价格今后的变动起约束作用，使价格保持在这条趋势线的上方（上升趋势线）或下方（下降趋势线）。实际上，就是起支撑和压力作用。趋势交易者通常会利用这一特点进行交易，比如，在支撑价格附近买进，在压力价位左右卖出。

2. 趋势线被有效突破，说明价格下一步的走势将要反转。越重要越有效的趋势线被突破，其转势的信号越强烈。而且，突破之后，原来的趋势线往往会起到相反作用，比如，原来的支撑线的延长线成为今后上涨的压力线；原来的压力线的延长线却起到支撑作用。交易者有时也可利用这一特性进行交易。

3. 趋势线的有效突破，往往需要大成交量的配合，尤其是当期价向上突破下跌趋势线时，有量和无量通常可以看做是重要的验证指标。向下突破上升趋势线时，有时不一定需要大成交量的配合，但如带量向下突破，其突破的有效性就越强。

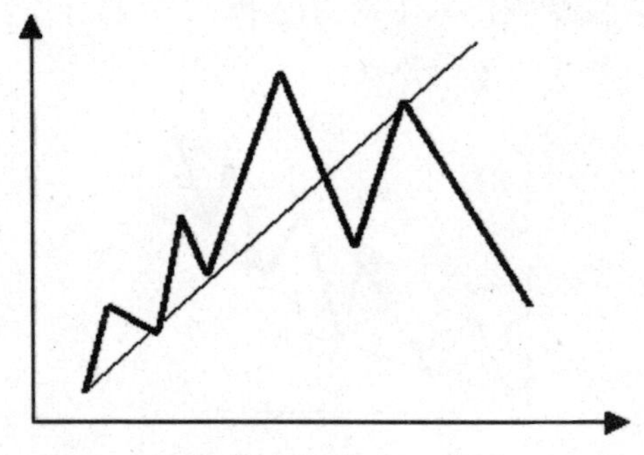

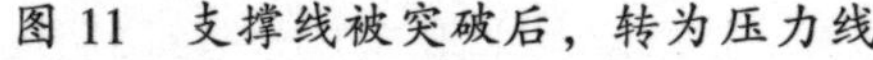
图 11 支撑线被突破后，转为压力线

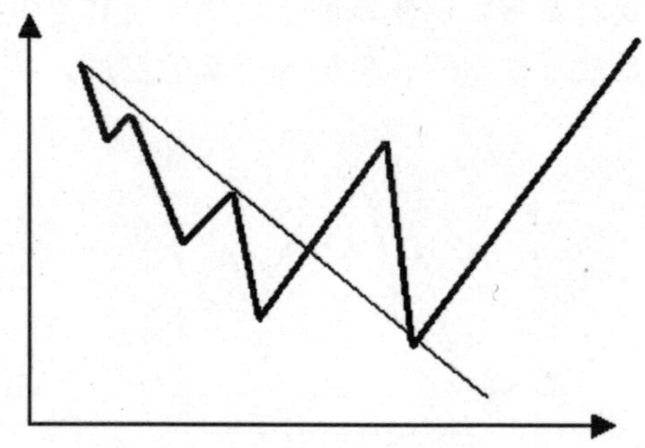
图 12 压力线被突破后，转为支撑线

趋势中的回调与反弹

正如前面所指出的那样，趋势的表现通常不会直来直去，而是如波浪一样曲折蜿蜒。在上升趋势中，价格以上涨为主，但在上涨过程中，价格也会出现回调；在下降趋势中，价格以下跌为主，但在下跌过程中，价格也会出现反弹。

既然是回调或反弹，就有一个幅度问题。如果上涨价格 100 点后又跌回去了 200 点，那就超出回调的范围了。通常认为，回调或反弹的幅度有几个关键数字值得注意，那就是 1/3 处和 2/3 处。也有将黄金分割数字作为关键数字的，那就是 0.382 和 0.618。其实，这两个数字与 1/3 和 2/3 差不了多少。前一数字的回调或反弹力度稍微弱些，而后一数字的回调或反弹力度更大一些。超出这一数字，交易者就值得认真思考究竟是属于回调（反弹）呢还是转势的问题了。

大商所 2000 年 1 月大豆合约在 1999 年 3 月底自 2268 元下跌至 6 月中旬的 1792 元，跌幅为 476 元；随后反弹至 2115 元，反弹幅度为 323 元，差不多正好是 2/3。自

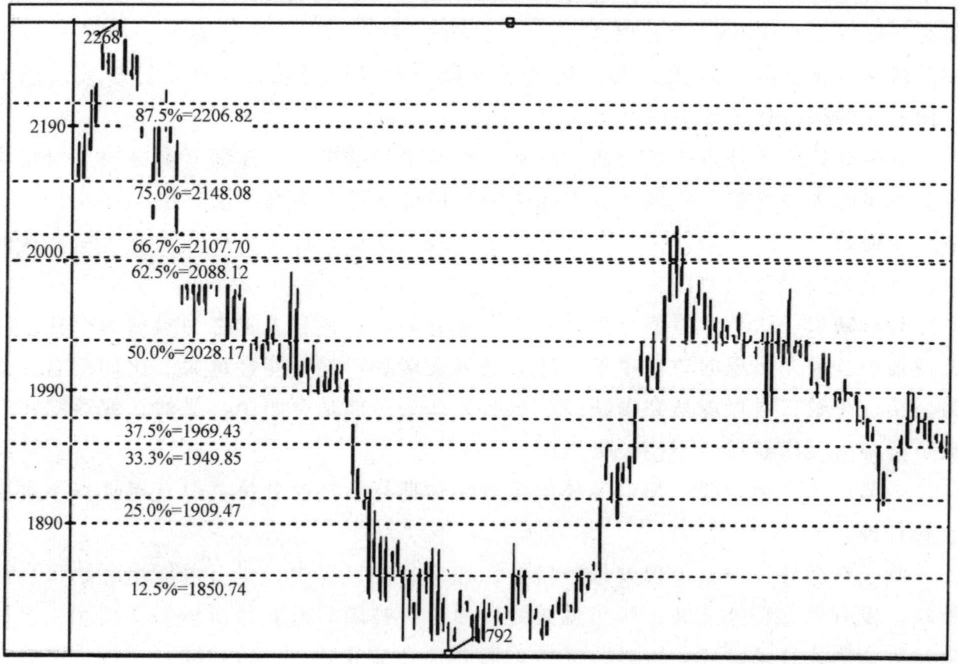

图 13

2115 元又回跌至 1900 元，跌幅 215 元，计算一下，又差不多是前面反弹幅度的 2/3。

趋势中缺口的表现

凌厉的上涨行情或下跌行情中，经常可在图表中发现跳空缺口的存在。所谓跳

空缺口就是指，上涨行情中，当期K线图中的最低价比上期K线图中的最高价还要高，以致于在连续图形上留下了一个空档；反之，在下跌行情中，当期K线图中的最高价比上期K线图中的最低价还要低。根据历史经验，技术分析人士还对不同意义的缺口作了如下的分类命名。

突破缺口。这是指市场平衡阶段被打破时出现的缺口，伴随着突破缺口的往往是交易量的大幅增加，这预示着市场平衡阶段的结束和行情发展还刚刚开始。

中继缺口。这是指行情向纵深发展中出现的缺口，在大牛市或大熊市中，这种缺口可能会接二连三地出现。

衰竭缺口。这是指趋势行将结束时出现的缺口，也有人称之为最后的疯狂。一波行情中，前期出现的缺口越多，随后出现衰竭缺口的可能性越大。比如，有人认为，第三个缺口很可能是衰竭缺口，也有人认为可能是第四个。显然，究竟第几个缺口能称为衰竭缺口，不能一概而论。

一般认为，突破缺口和中继缺口很难在短期行情内被补掉，但衰竭缺口不久就会被补掉。

除了在趋势市中会出现大量缺口外，在平常的市态中，也有可能出现缺口。此种缺口没有什么特殊意义，所出现的缺口通常会被随后的交易所填补。因而，这些缺口被命名为普通缺口。有时，交易量清淡也会造成缺口，这种缺口，就更没有意义了。

形态分析中的两大类型

打开一个长期图表，我们经常能发现，图中会出现各种各样的几何图形。比如，有的像一个三角形，有的则是一个V字形，还有像一面旗子的。技术分析人

士对这些图形进行了专门研究，一是看各种不同的形态在哪些场合出现得更频繁，二是出现以后后市通常是怎么演化的。

作为交易者，最关心的是后市将如何发展。如果价格在上涨（下跌）了一段时间之后处于盘整状态，交易者最大的疑问将是：后市将继续沿着原来的趋势上涨（下跌）呢，还是涨（跌）势结束，行将反转？

于是，那些经常出现在反转行情中的图形就被归类为反转突破形态。反转突破形态的常见图形有头肩顶（底）、多重顶（底）、圆弧形、V形、钻石形、岛形等。同样，那些经常出现在持续行情中的图形就被归类为持续整理形态。持续整理形态的常见图形有三角形、矩形、旗形、楔形等。

必须明白：一个图形之所以被归为反转形态或持续形态，是它经常在这种形态中出现的缘故，但并不意味着不可能在另一种形态中出现。事实上，这种情况不仅有可能出现，而且还会出现另一种情况，那就是一种图形是在该出现的地方出现了，但后来的走势却没有按照原定的方式进行，这种情况，通常被称为“流产的图形”。

头肩顶

头肩顶是价格形态中出现得最多的形态，是最著名和可靠性较高的反转突破形态。

如图14，这种形态是在涨势中出现的。图形特征是一共出现三个顶，中间的高点（C）比另外两个（A，E）都高，称为头，左右两个相对较低的高点称为肩，这就是头肩形名称的由来。

图中的连接B和D点的直线L2称为颈线，一旦价格从E点下跌，有效击破颈

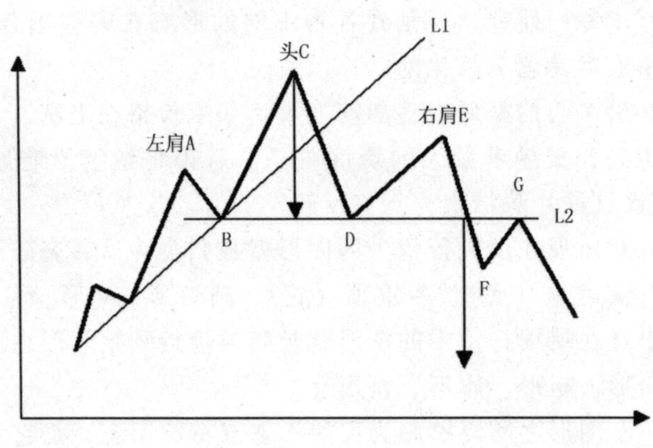

图 14

线，头肩顶形态便宣告成立。通常的预测是价格跌幅至少为顶到颈线的距离，有时候甚至是2倍或3倍。

分析要点：

1. 一般来说，左肩和右肩的高点大致相等，部分头肩顶的右肩较左肩为低，但如果右肩的高点较头部还要高，形态便不能成立。

2. 如果其颈线向下倾斜，显示市场非常疲乏无力。

3. 成交量方面，左肩和头部的量比较大，右肩较少。

4. 当颈线跌破时，不必看到成交量增加也能确认，倘若成交在跌破时激增，显示市场的抛售力量十分庞大，期价会在成交量增加的情形下加速下跌。

5. 跌破颈线后可能会出现暂时性的回升（反抽），这情形通常会在低成交量的跌破时出现。不过，暂时回升应该不超越颈线水平（图中的G点）。如果反抽回升

有效突破颈线，则意味着图形“流产”。

复合头肩顶及例子

复合头肩顶是头肩顶的变形状态，比如，会有两个头或两个左肩和两个右肩的情况，测算意义与简单头肩顶一样。下面就是一个很好的例子。

图 15 为伦敦三月铝 1996 年 10 月至 1998 年 7 月的日 K 线图。图中可见，最高点左面曾经形成过一个头肩顶，但由于最终在颈线附近没有实现有效穿透，导致头肩顶流产。在创下新高后，右面又形成了两个次高点，与左面对称，构成复合头肩顶。1997 年 12 月 15 日，有效击破复合头肩顶的颈线，之后又反扑颈线失败。最后下跌幅度接近 300 美元，超过顶到颈线的度量幅度。

头肩底

头肩底与头肩顶相反，是出现在跌势底部的反转形态，故也有称之为倒头肩形的。除了在成交量方面与头肩顶有所区别外，其余可以说与头肩顶一样，只是方向正好相反。例如，上升改成下降，高点改成低点。

头肩底与头肩顶最重要的区别是在形态后半部分的交易量形态上。在底部过程中，自最底部上冲时，应当具有较大的交易量。突破颈线的过程应具有更多交易量，若没有较大的成交量出现，可靠性将降低，或者会再跌回底部整理一段时间，积蓄买方力量才能上升。另外，在头肩底形态中，突破颈线后发生回抽的现象比较普遍。

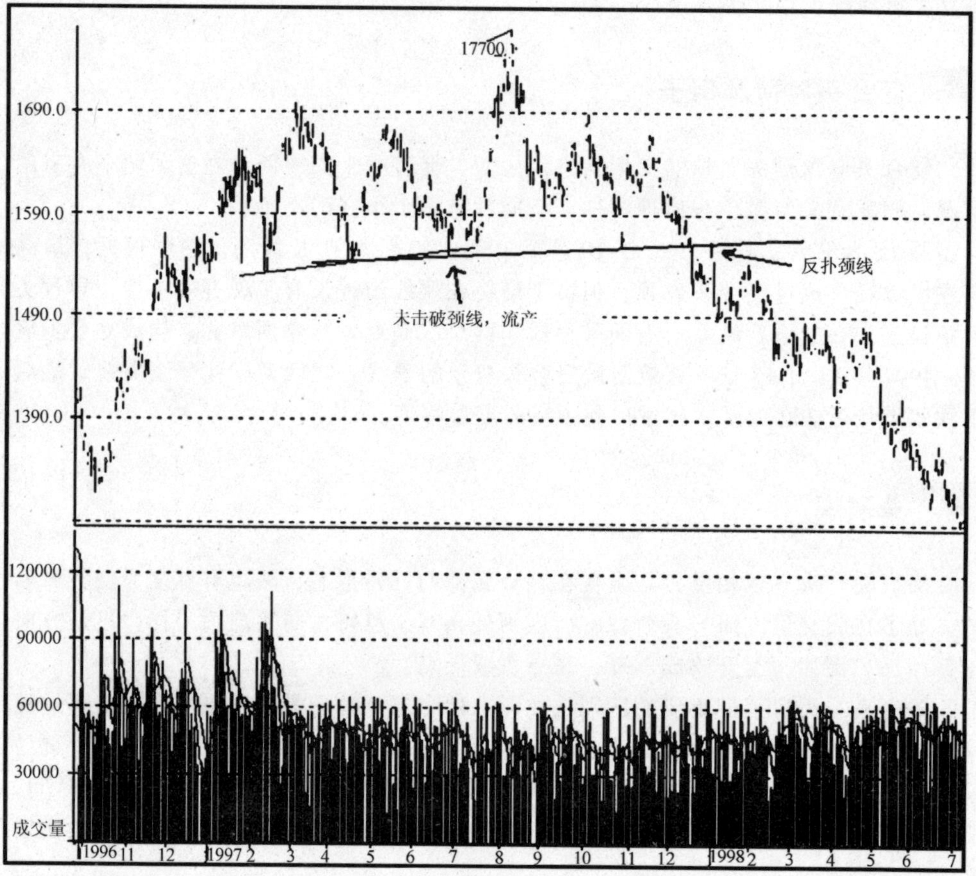

17700
1690.0
1590.0
1490.0
1390.0
未击破颈线，流产
反扑颈线
120000
90000
60000
30000
成交量
1996 11 12 1997 2 3 4 5 6 7 8 9 10 11 12 1998 2 3 4 5 6 7

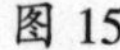

图 15

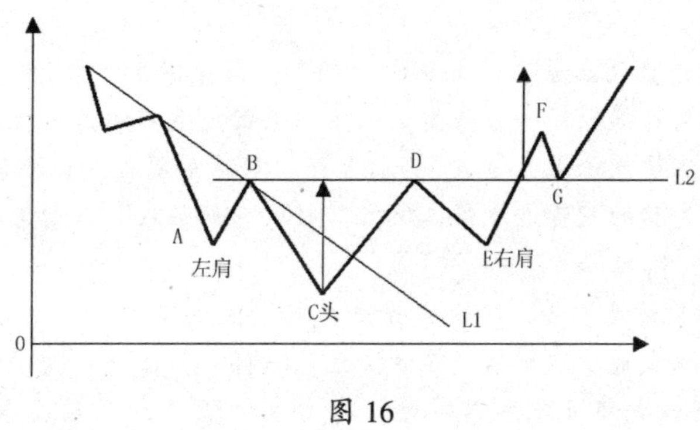

图 16

双顶与双底

双顶与双底又称 M 头和 W 底，如图 17 和图 18。

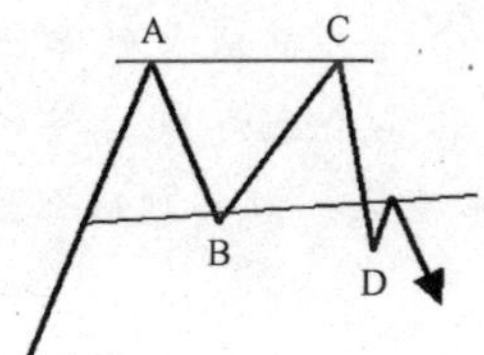

图 17　双头

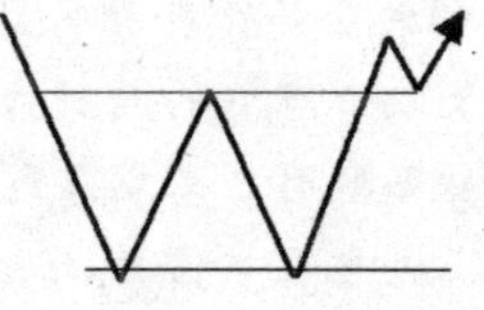

图 18　双底

双头图中，峰 A 和峰 C 处在大致相同的水平，通常，在第二个峰处交易量较小，而在向下突破时（点 D），交易量有所增加。回升反扑的现象并不罕见。最小测算目标是，从突破点起，向下投射出与形态高度相等的距离。

分析要点：

1. 双头的两个最高点并不一定在同一水平，二者相差少于3%是可接受的。通常来说，第二个头可能较第一个头高出一些，原因是看好的力量企图推动期价继续再升，可是却没法使期价上升超逾3%的差距。双底的第二个低点较第一个低点稍高，原因是先知先觉的投资者在第二次回落时已开始买入，令期价没法再次跌回上次的低点。

2. 双头跌幅的量度方法，从颈线开始计起，最小跌幅为双头最高点至颈线之间的差价距离。双底最少涨幅的量度方法也是一样。

3. 形成第一个头部（或底部）时，其回落的低点约是最高点的10%～20%（底部回升的幅度也是相当。）

4. 双重顶（底）不一定都是反转信号，有时也会是整理形态，这要视两个波谷的时间差决定，两个高点（或两个低点）形成的时间较长，其有效性也较高。

5. 双头的两个高峰都有明显的高成交量，但第二个头部的成交较第一个头部显著减少，反映出市场的购买力量已在转弱。双底的第二个底部成交量也十分低沉，但在突破颈线时，必须得到成交量激增的配合方可确认。双头跌破颈线时，不需成交量的上升也应该信赖。

6. 通常突破颈线后，会出现短暂的反方向移动，称之为反抽，反抽只要不突破颈线，形态依然有效。

三重顶和三重底

三重顶或三重底是较少见的形态，和头肩形态差别不大，其特征是三个峰的高

度或三个谷的低度几乎一致，其目标值的测量方法与头肩形一样。

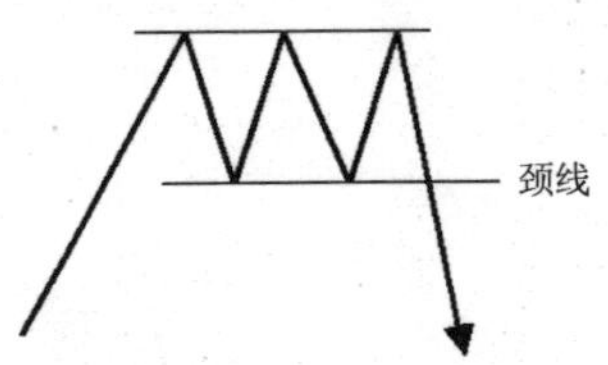

图 19 三重顶

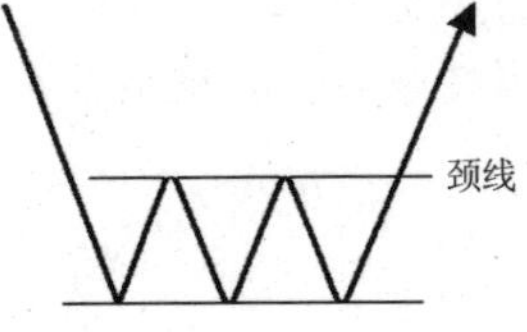

图 20 三重底

分析要点：

1. 各顶（底）之间的间隔距离与时间不必相等。

2. 三个顶点价格不必相等，大致相差 3%以内就可以了。

3. 三重顶的第三个顶，成交量非常小时，即显示出下跌的征兆，而三重底在第三个底部上升时，成交量大增，即显示出股价具有突破颈线的趋势。

4. 从理论上讲，三重底（三重顶）的最小涨幅（跌幅）与底部（顶部）的宽度有关，宽度愈广，涨势（跌势）愈强，涨幅（跌幅）也愈大。

圆弧形反转

圆弧形有圆顶与圆底之分，圆底又称为碟形、碗形，圆顶又称为倒扣碟形、倒扣碗形。圆弧形在实际中出现的机会较少，但是一旦出现则是绝好的机会，它的反转深度和高度是不可测的，这一点同前面几种形态有一定区别。

在识别圆弧形时，成交量也是很重要的。无论是圆弧顶还是圆弧底，在它们的形成过程中，成交量的过程都是两头多，中间少，越靠近顶或底时成交量越少（圆

弧底在达到底部时，成交量可能突然大一下之后恢复正常)。在突破后的一段，都有相当大的成交量。

圆弧形形成的时间越长，今后反转的力度就越强。

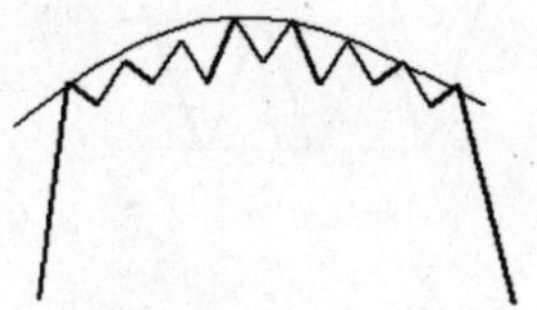

图 21　圆顶

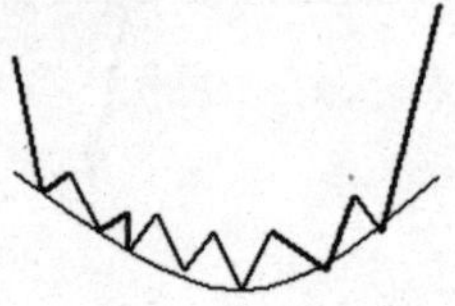

图 22　圆底

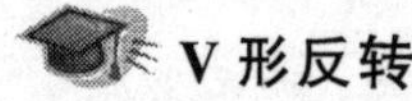V 形反转

图 23　V 形顶

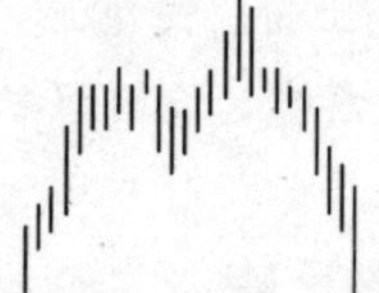

图 24　V 形底

V 形反转是所有反转形态中最难把握的一种形态，由于事先通常没有什么迹象，而且来势凶猛，常常会给那些反应较慢或者认定以往趋势不改的交易者带来巨大损失。

V 形底出现之前，常常会在下跌之后形成一个中继平台，加速下跌又使得下跌

趋势似乎十分明显。然而，行情突然反过来了，以至于在图表上留下一个底部十分尖锐的 V 字形轨迹。形成这转势点的时间长则二三个交易日，短的甚至出现单日反转的情况，而转势点就在这恐慌交易日中出现了。通常在 V 形底的几个交易日中，交易量会非常大，持仓量也会有相应的增加。但在 V 形顶，成交量放大的同时持仓量变化不一定，大幅增加和大幅减少的情况都有。

岛形反转

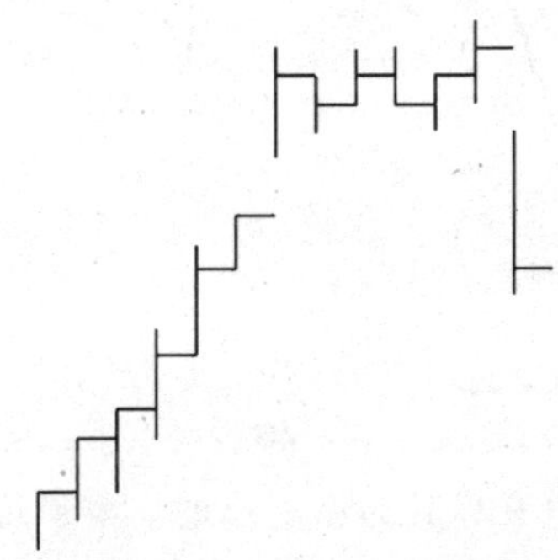

图 25

图 25 是头部形态的岛形反转。从图上可见，前期价格一路上涨，最后还留下跳空缺口，跳空之后，在高位盘整。突然有一天，价格以向下跳空的形式向下突破。向下跳空缺口与前一个向上跳空缺口遥相呼应，使上面的盘整区形似一个孤岛，岛形反转的名称就此而来。

不难想到，如果上面的盘整区在一两个交易日内就完成，那整个图形就与 V

形反转差不多。有时在 V 形反转的图例中经常会同时出现岛形反转的情况。

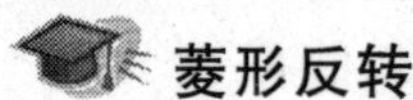 菱形反转

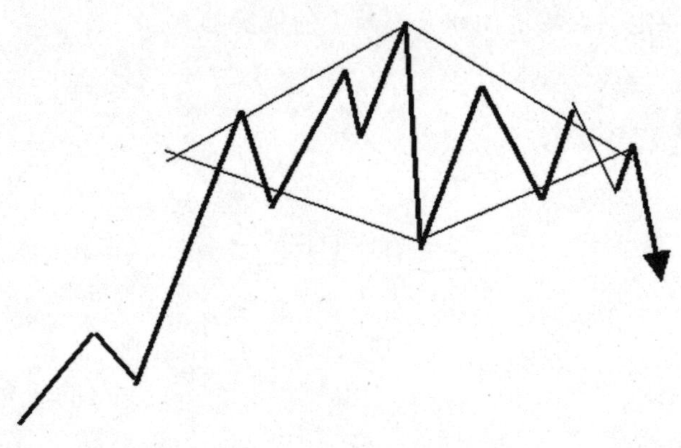

图 26

菱形因其形状而得名，也有称其为钻石形的。菱形反转很少出现在底部，通常出现在中级下跌前的顶部或大量成交的顶点，是顶部反转形态。它的前半部分类似喇叭形，后半部分类似于对称三角形。当下侧的上升趋势线被向下突破时，本形态完成。预测下跌幅度为：从突破点起，至少下跌形态内最高点和最低点的垂直距离。

旗形——持续形态之一

旗形分为上飘旗和下飘旗两种，上飘旗是看涨旗形，下飘旗则是看跌旗形。看

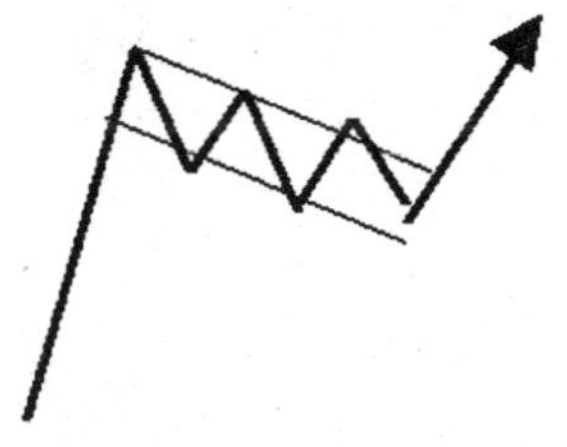

图 27　看涨旗形

图 28　看跌旗形

涨旗形通常发生在价格急剧上升之后，进入整理阶段。急剧上涨的价格走势犹如一根旗杆，而整理形态则是向下倾斜的矩形，犹如旗面。整理阶段，交易量应当日益萎缩。当价格向上突破时，交易量再度扩张。看涨旗形向上突破后，继续维持上涨局面，预测上涨幅度能够达到与旗杆相等的竖直距离。看跌旗形与看涨旗形一样，不过是方向相反而已，是下跌行情中的中继形态。

在旗形整理中，期价通常在四周内向预定的方向突破，超出三周时，就应该特别小心，注意其变化。

三角形——持续形态之二

三角形也分上升三角形和下降三角形两种。上升三角形是价格上涨之后的整理状态。在整理中，三角形的上边线基本是水平的，但下边线则向上倾斜，显示买气越来越强，一旦带量突破压力线，期价恢复上涨，预测上涨幅度为三角形的高度。下降三角形的构成及预测效果与上升三角形基本一样，差别是往下突破时，即使没有大的成交量配合也可以成立。

需要注意的是：三角形虽属常见的行情中继整理形态，但有时也有朝相反方向

发展的可能。

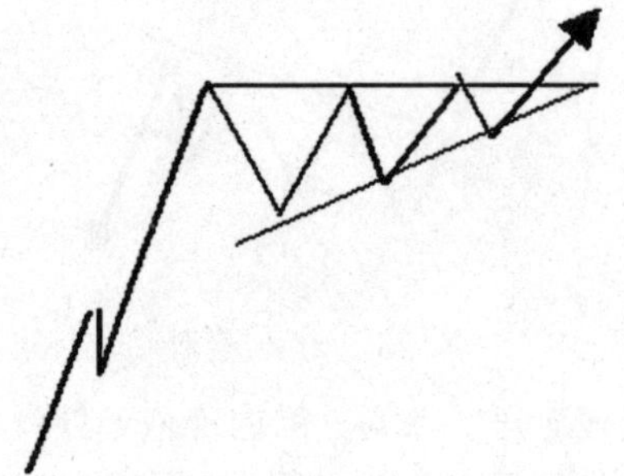
图 29　上升三角形

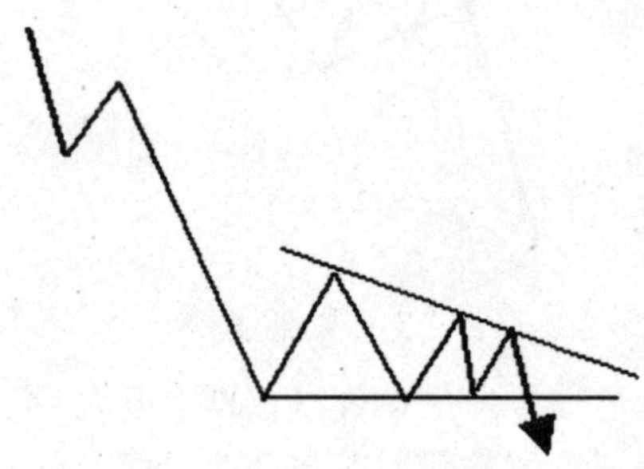
图 30　下降三角形

矩形——持续形态之三

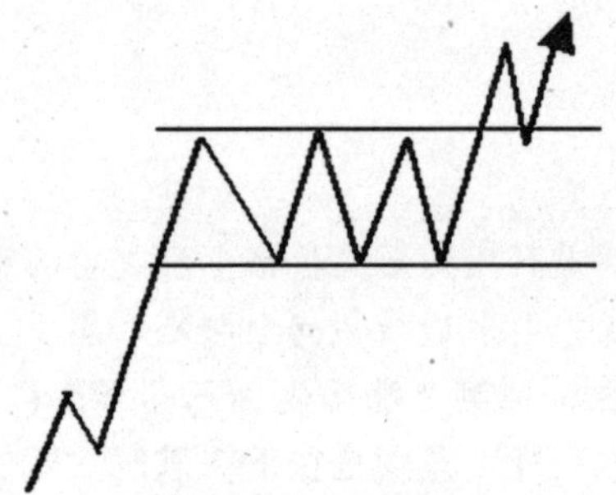
图 31　看涨矩形

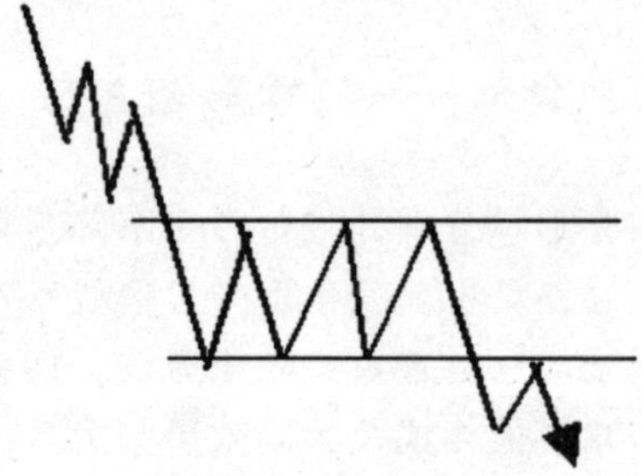
图 32　看跌矩形

矩形也是常见的行情中继整理形态，同样可分为看涨矩形和看跌矩形两种。矩形形成的过程中，除非有突发性的消息扰乱，其成交量应该是不断减少的。在看涨矩形中，当期价突破矩形上限的水平时，必须有成交量激增的配合；但在看跌矩形中，跌破下限水平时，不一定需要高成交量的配合。矩形在突破之后，期货价格通常会在二三个交易日内出现反抽现象，但反抽通常将止于突破线。反抽确认后的矩形，其继续上升（下跌）的幅度与矩形的高度有关，高低波幅较大的矩形比狭长的矩形更具威力。

尽管矩形通常属于持续性形态，但是我们必须始终提防它演变成反转形态的蛛丝马迹，比如演化成三重顶（底）。

楔形——持续形态之四

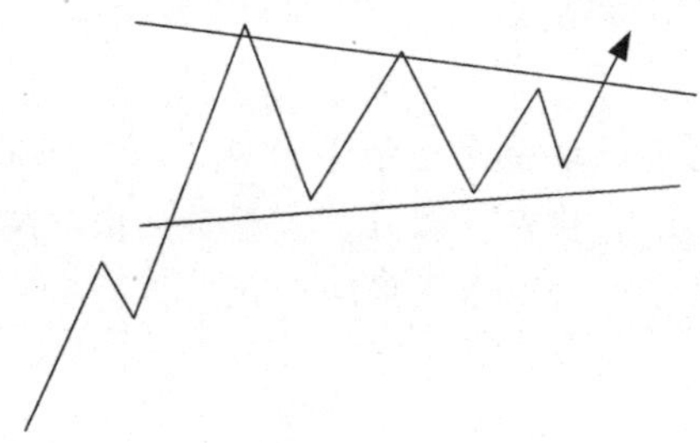

图 33

楔形也是常见的行情中继整理形态，同样可分为看涨楔形和看跌楔形两种。图 33 表示的是看涨楔形。从图形比较看，它与前面的旗形、三角形或矩形有相似之

处。矩形是两条水平线，旗形是两条倾斜的平行线，三角形是两条相交线，而楔形则是将在更远处相交的两条线之间，如果行情在楔形中整理时间一直延长到尖端才突破，实际上就演变成了三角形了。

同样，尽管楔形经常在持续行情中出现，但偶尔也可能出现在顶部或底部过程中。

形态判别的注意要点

形态分析是技术分析中应用得较早，也是被应用得比较广泛的一种方法。但尽管如此，能否被正确使用仍然是一个问题。

首先，形态分析中的各种图形会以不同面目出现，这就给正确识别带来一定的难度。而且同一图形，站在不同行情的级别上观测有可能产生不同的解释，例如，头肩形是反转形态，但有时若从更大级别的范围去观察，有可能成为中继持续形态。

其次，在形态完成之前，动手交易似乎太早，因为图形的转换随时可能发生。比如，双顶未有效击破颈线，价格又回升了，看看又像双底了。如果再来回折腾几下，又变成矩形整理行情了。若等待图形明朗化后再动手，又似乎太迟了，因为错过了不少机会。

再次，即使是非常经典的图形，也不过是历史经验的总结与归纳，不可能百分之百的正确，出现反常的可能性是存在的。过分迷信有可能上当。更值得提出的是，各种图形在不同品种中出现的概率也不一样，有些图形对某几个品种非常适用，对另一些品种的适用性可能不强。如果不分青红皂白地套用，失误率难免加大。这就提醒图形交易者，既要熟悉图形，也要熟悉所交易品种的历史情况。只有

这样，才能提高图形的识别能力。

最后，一些交易者在应用时，只记住了图形的状态，而忽略了相关交易量的要求，这也会增加识别或确认有关图形时的误差。

移动平均线

移动平均线是在收盘价平均计算的基础上作出的，首先是用最近 N 天的收盘价（偶尔也有人喜欢采用其他价格）进行平均计算，计算方法大多为简单算术平均(也有采用线形加权或指数加权平均的)，得出 N 天的平均价；随计算日的推移，在图上不断标出新的平均价，并将其连起来，就得到移动平均线。其中，N 是时间参数，如果 N 这个数字是 5，那就称为 5 天移动平均线，如果是 10，就称为 10 天移动平均线。如果 N 是 1 呢，那就是 1 天的移动平均线，也就是期货收盘价线。

移动平均线具有下列特性：

1. 移动平均线具有追踪趋势的特点。价格接连上涨后，新的平均数字会逐渐增大，移动平均线上升；价格连续下跌，新的平均数字会逐渐变小，移动平均线下降。

2. 移动平均线具有平稳性特点。由于消除了偶然因素导致的价格波动，移动平均线不会像价格曲线那样突上突下，而是呈现出比较平滑的状态。时间越长的移动平均线其平稳性就越好，比如，50 天的移动平均线肯定比 10 天的移动平均线更平稳。

3. 移动平均线具有滞后性特点。这一特点是与平稳性特点伴生的。当期价发生反转时，移动平均线特别是长期移动平均线所反映的市况往往过于迟缓，调头速度落后于趋势。

期价与平均线的关系——葛兰维八法

期价的变动远比移动平均线积极，有时在移动平均线的上方，有时则在下方。葛兰维在研究期价与移动平均线之间关系时，提出了可以操作的八种情况。其中，四种可以买进的情况如下图：

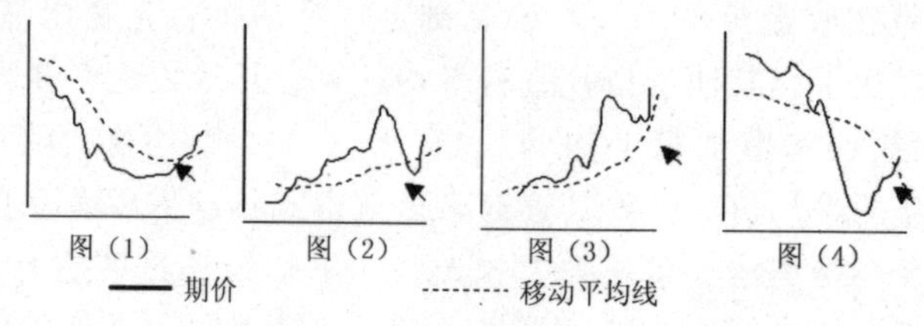

图 34

1. 均线在下降逐渐转为盘局或上升，而期价从平均线下方突破平均线。

2. 期价虽然跌破平均线，但又立刻回升到平均线上，此时平均线仍然持续上升。

3. 期价走在平均线上，期价下跌并未跌破平均线且立刻反转上升。

4. 期价突然暴跌，跌破平均线，且远离平均线，则有可能反弹上升。

四种可以卖出的情况如下图：

1. 平均线从上升逐渐转为盘局或下跌，期价向下跌破平均线。

2. 期价虽然向上突破平均线，但又立刻回跌至平均线以下，此时平均线仍然持续下降。

3. 期价在平均线下，期价上升未突破平均线且立刻反转下跌。

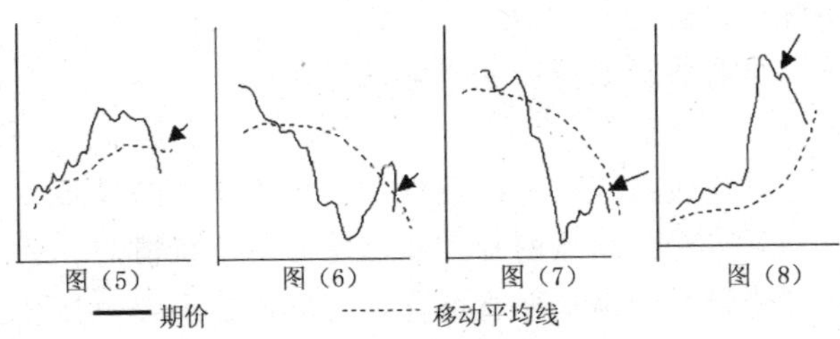

图 35

4. 期价突然暴涨，且远离平均线，则有可能回调回跌。

多根移动平均线的判断方法

葛兰维八法考虑的是期价和均线的关系，实际上，它就是均线与均线的关系，只不过其中的一根均线是一天的移动平均线而已。

多根平均线判市，是指采用两根或两根以上不同时间参数的均线，利用这些均线之间的相互关系来判断后市。

在牛市中，移动平均线的组合通常呈现出向上发散的状态，短期均线在中期均线之上，中期均线又在长期均线之上，此所谓多头排列；反之，在熊市中，则呈现出向下发散的状态，称为空头排列。

短期平均线变动较为迅速，长期平均线变动缓慢。当短期线急剧地超越中长期线向上方移动时，这为买进信号；当期价位于最上方且均线发散向上，表明行情仍处于上升趋势，可继续持仓；当上涨行情持续一段时间后，短期线从停滞状态的高点出现下降趋势时，表明期价开始走软，这是卖出的时候了；当短期均线从高位依

次向下突破中长期线时，这是最后的清仓时机了；当均线及期价发散向下时，表明为典型的弱势行情；当弱势行情持续相当一段时期后，短期线从谷底转为上升趋向时，又是买进的时机了。

注意，以上只是对均线系统及其作用作了一般意义上的描述，在具体指导交易时，也不能迷信。必须明白，均线的最大弱点是滞后于行情的，根据均线系统信号进行交易，不仅有可能错失行情，还有可能因为回调或反弹而受套。另外，交易者在应用均线理论时，不仅应该知道其一般规律，还应该在均线的参数设定上仔细琢磨。因为不同的品种有不同的特性，适合这一品种的一套参数对另一个品种不一定适合。

图 36 为 MYMEX 原油期货 2002 年至 2004 年 10 月 21 日的连续日 K 线图，其中四条均线的参数分别为 10、21、30 和 60 天。

指数平滑移动平均线（MACD）

指数平滑移动平均线的英文名称为 Moving Average Convergence and Divergence。其原理是运用快、慢速移动平均线聚合与分离的功能，加以移动平滑运算，用以研判买卖时机和信号。

EMA（12）为 12 天的指数移动平均值，EMA（26）为 26 天的指数移动平均值，前者为快速移动平均线，后者为慢速移动平均线。两数值间的差离值（DIF）为：DIF = EMA（12） - EMA（26）。将 9 天的 DIF 平均后就得到 DEA 数值。其中的数字 12、26 和 9 都是参数。此外，在分析软件上还有一个指标叫柱状线（BAR），BAR = 2 ×（DIF - DEA）。

从计算式中不难发现，当 DIF 为正值时，意味着短期均线在长期均线上方；反

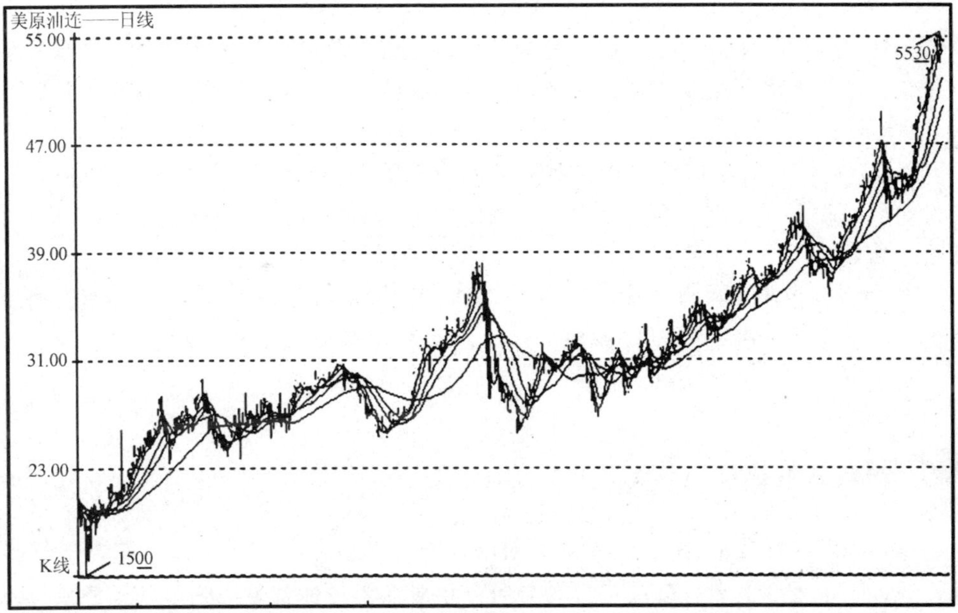

美原油连——日线

55.00

5530

47.00

39.00

31.00

23.00

K线

1500

图 36

之，当其为负值时，则是短期均线在长期均线下方。而 DIF 与 DEA 的关系就如期价与平均线的关系一样。由此，得出下列判市方法：

1．DIF 与 DEA 为正值时（图上判别是在 O 轴线之上），为多头市场。DIF 向上突破 DEA（图中 BAR 线向上）为买进信号；DIF 下破 DEA，只能认为是回调。

2．DIF 与 DEA 为负值时（图上判别是在 O 轴线之下），为空头市场。DIF 向下跌破 DEA 为卖出信号（图中 BAR 线向下）；DIF 上破 DEA，只能认为是反弹。

3．背离信号。所谓背离，即在K线图或条形的图线上，价位呈现一头比一头高的头部，但DIF却呈现一头比一头低的头部，这叫做顶背离，顶背离表明涨势难以持久，跌势即将开始。同样，在下跌行情中，若出现底背离，意味着跌势难以持久。

MACD的缺点与平均线一样，有滞后效应。另外，当市场呈牛皮盘整格局时，失误的判断较多。因而，在交易中，应该注意与其他分析指标结合使用，以收取长补短之功效。

图37为CBOT小麦自2002年4月至2004年10月21日的连续日K线图，图中可见到一个在低位出现的底背离和另一个在高位出现的顶背离。指标参数分别为12，26和9。

相对强弱指标（RSI）

相对强弱指标（RSI）是威尔德发明的分析工具。在期市中，多空双方的气势很重要，一定程度上它可以决定市场方向。相对强弱指标就是反映市场气势强弱的指标。其计算方式为：确定参数，常用参数为14天；取最近15天的收盘价，每一个减去上一天的收盘价，得到14个数字；14个数字中的正数（上涨幅度）之和相加，以A为代表，14个数字中的负数（下跌幅度）之和相加，取其正值以B为代表；$RSI = 100 \times \frac{A}{A+B}$；$\frac{A}{A+B}$的含义为上涨幅度在全部涨跌幅中的比例，乘以100后，总落在0和100之间。

通常的判市法则为：50到80为强势，应该买；20到50为弱势，应该卖；80以上是超买区，鉴于物极必反的原理，不能买而应卖；同样，20以下是超卖区，

图 37

不能卖而应买。

另一个常用方法是观察是否有背离现象出现。当价格创新高，RSI 值未创新高，是由涨转跌的信号；当价格创新低，RSI 值未创新低，是由跌转涨的信号。

还有一个运用方法是观察快速 RSI 与慢速 RSI 的相对关系。所谓快速 RSI，是

指参数比较小的 RSI。当快速 RSI 由下往上突破慢速 RSI 时，为买进时机；当快速 RSI 由上往下跌破慢速 RSI 时，为卖出时机。而当快速 RSI 与慢速 RSI 之间的距离过远时，短期 RSI 有向长期 RSI 靠拢倾向。

应用中应该注意的事项有：

1. 超买区和超卖区是模糊概念，大牛市或大熊市中，超买后再超买，超卖后再超卖，并不罕见，而 RSI 指标在这些区域往往出现钝化现象，从而失去作用，不能据此轻易作反向操作。

2. 背离信号是滞后的，有时背离一两次后才真正反转，背离之后行情不反转也可能发生。

因而，RSI 不应作为独立指标使用。另外，参数的取值也有讲究。

图 38 为 CBOT 大豆 2000 年 11 月 15 日至 2002 年 7 月 22 日的连续日 K 线图，RSI 的参数值为 14，从图中可见，底部两度出现底背离，每次都有不小的涨幅。

随机指标（KD）

KD 线原名随机指标，为乔治·蓝恩博士所发明，是一个很实用的技术分析指标。其核心由未成熟随机值（RSV）构成。

假设 n 为计算周期（通常以 9 天为期），Hn 和 Ln 分别为周期内最高价和最低价，Cn 为当日收盘价，则 $RSV = 100 \times \frac{Cn - Ln}{Hn - Ln}$。分式的含义是当日收盘价处于周期内最高价和最低价差幅的相对比例，由于乘上了 100，所以，当日收盘价越高，则计算所得数字越高，离 100 就越近。比如，当日收盘价正好是周期内的最高价，则所得数字就是 100；反之，当日收盘价越低，则计算所得数字越小，离 0 就越近。

图 38

又比如，当日收盘价正好是周期内的最低价，则所得数字就是 0。有了 RSV 后，就可以算出相应的 K 值和 D 值了。将最近 3 天的 RSV 平均后就是 K 值，再将最近 3 天的 K 值平均后就是 D 值。其中数字 3 天是参数，当然也可以取另外的数字。

K、D 指标是一种时间较短的敏感指标，经常能给出非常明显的进货信号和出

货信号，不仅可以使用在日线图上，也可用在日常的分时图或较长周期的周线图上。

随机指标在判市中的应用大体为：

1. K、D值越高，买气越盛；相反则卖气越盛。K、D值达到75或80以上时，市场处于超买状态，低于25或20时，市场处于超卖状态。但要注意的是，超买区或超卖区指标容易钝化。

2. 当市场处于涨势中，K线首先上升，然后带动D线。当K线从下穿过D线时，应买入合约。但是买入的安全区是在K、D值的低位；同样，当市场处于跌势，K线先下跌，其次是D线。当K线从上向下穿过D线时，应卖出合约。但是卖出的安全区是在K、D值的高位。

3. 利用背离信号进行操作买卖。具体方法与前面介绍的RSI、MACD差不多。

图39是伦敦三月铜2002年6月至12月的日K线及KD线图，从图中可见，6月初，K线在高位下穿D线，略作反弹后，下跌200多美金；12月初同样如此，下跌了100多美金。注意，在8月初至10月初，期价创新低，但KD线却没有创新低，出现了底背离现象；10月初，K线在底部上穿D线，期价上涨了200多美金。

技术面分析法的优势与缺陷

技术面分析的优势是：利用各种图表，没有收集资料之苦。由于图表集中反映各种因素，对交易者来说，不仅非常直观，而且具有客观性，图表上的买入卖出信号并不随人的主观意愿而改变。通过参考期价历史走势来判断当前行情，能够给投资者一定的前瞻性指导，使其能够顺应趋势操作。

技术面分析的缺陷是：并不是一整套丝丝相扣的理论体系，不具备严格的科学

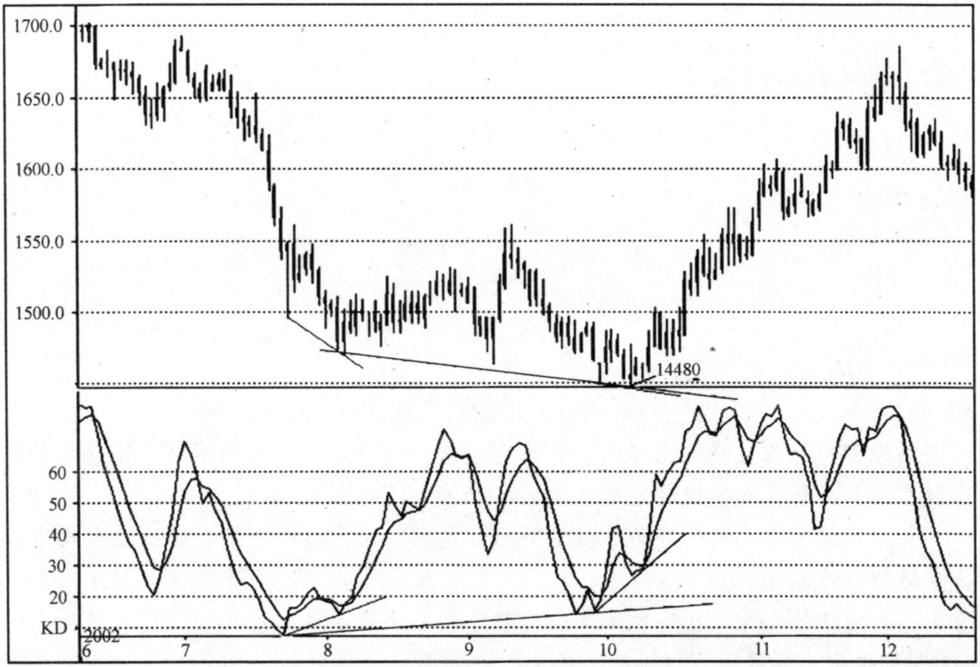

图 39

特征，带有明显的经验性和一定的主观色彩；各种指标都是处理后的结果，处理后原始信息有所损失是必然的；滞后性效果使得技术指标发出信号时，已经去掉了一大段行情；有时会出现“技术陷阱”，再加上不可能有完全相同的情况重复出现，出现的差异有可能使投资者判断失误；技术面分析的方法在不断变换，当大多数人

都在使用这些方法时，这些方法很容易失效。

波浪理论简介

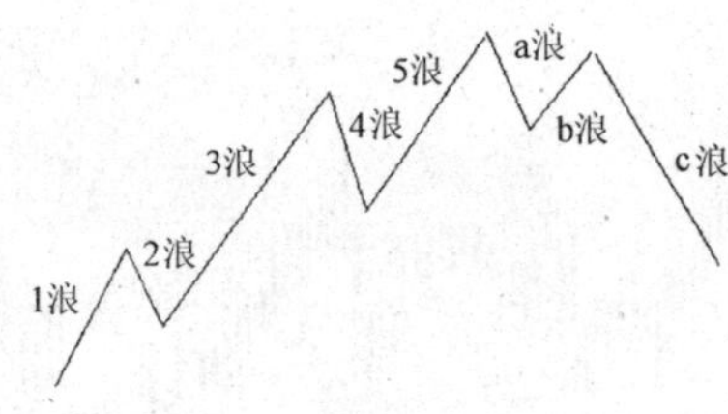

图 40

波浪理论是由艾略特发明的一种价格趋势分析工具，主要是根据周期循环的波动规律来分析和预测期价的走势，内容涉及形态、比例及时间三个方面。

其基本形态为：期价经历 5 浪上升后，接着会出现 3 浪下降。如此 8 浪构成期价变动的一个循环。上升 5 浪中，1、3、5 浪为顺势浪，2、4 则为回调浪；下降 3 浪中，a、c 为顺势浪，b 浪为反弹浪。上升浪中，第 3 浪是主升浪，幅度最大；第 4 浪是回调浪，其低底不可以低于第 1 浪的浪顶。

波浪理论除了考虑价格走势的形态外，还对走势图中各个高低点位置比例进行了研究，比如，通过测算各个波浪之间的相互关系，来确定回撤点和价格目标。其中，菲波纳切数字（常见的黄金分割数字 0.382、0.5、0.618、1.618 等都与菲波纳切数字有关）被大量应用。

波浪理论还对完成某个形态所需的时间作了研究。其通常的做法是利用菲波纳切数字 1、2、3、5、8、13、21、34、55、89……来寻找行情发生转折的时间之窗。

□ 数浪大学

比如，在日线图上，从重要的转折点出发，向后数到某个菲波纳切交易日，预期未来的顶或底就出现在这些“菲波纳切日”上。该做法也可应用在周线图、月线图，甚至年线图上。

波浪理论好用吗

波浪理论是一套主观性较强的分析工具。在具体应用上，难度不小。

单看波浪结构，似乎很清晰。但问题在于你站在什么尺度上看，比如，当你往小里看时，每个浪其实都是由更小的波浪组成的，那么，按波浪理论解释，每个顺势浪都由 5 个更小的浪组成，每个逆势浪都由 3 个更小的浪组成，这样，原来的 8 浪就可分解为 34 个小浪了。当你往大处看时，这 8 浪又变成一个上升浪和一个下跌浪，成为更大级别波浪中的一部分。艾略特把趋势的规模划分成 9 个层次，上可覆盖 200 年的超长周期，下至仅仅延续数小时的微小尺度。

其实，这还不是最难的，更难的是由于实际走势不可能这么循规蹈矩，当出现异常时，波浪理论会以延伸浪或 X 浪来解释，比如行情走出了第七浪甚至第九浪，这就是延伸浪，而在调整期间，有些浪与前后浪的关系无法说清，就命名为 X 浪。

由此，不难想到，交易者在应用波浪理论时，要确定目前的走势属于哪一个层次的哪一个浪并非易事。主浪的变形和调整浪的变形会产生复杂多变的形态，波浪所处的层次又会产生大浪套小浪，浪中有浪的多层次形态，这些都会引发数浪时的偏差。事实上，面对同一个形态，由于在确定波浪的层次和起始点的不一样，不同的波浪专家也会产生不同的数法，而且，谁也说不服了谁。最后仍旧陷入大家来猜谜的格局。

波浪理论最早是针对股指进行研究的，股指走势图可以有几十年甚至上百

年的连续图。由于单个期货合约都有到期日，时间展开有限，因而即使在期货中应用波浪理论，也应该少用单个合约月图，而采用期货价格连续图可以减少分析误差。

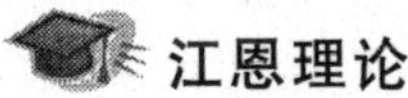

江恩理论

江恩理论与波浪理论一样，也是一个内容很多且自成体系的理论，市面上专门介绍这两个理论的书籍并不少见。

江恩理论是以美国投资家威廉姆·江恩（Willian D. Gann）的名字命名的，也有译为“甘氏理论”的。其主要分析方法有江恩历法、江恩矩阵、江恩角度线及江恩轮中轮，用以推测价格的顶、底以及可能到达的时间。推崇者通常都会举出很多例子来说明其具有神奇功效。

但是，在实际应用中仍旧有不少难度。由于江恩数和江恩线很多，事后看看好像总在某个数或某根线附近，但问题在于事先是无法预知的。所以，在利用江恩理论时，这些数字和线可以参考但不能迷信。

相反理论

在不考虑期货市场所产生的外部经济效果情况下，期货交易的零和性质决定了市场本身并不能增值，如果再考虑到交易者所必须负担的手续费，可以说期货交易是负值交易，而这必然决定了交易者中的大多数是亏钱的。既然大多数交易者的交易是错的，那么，当一个交易者的行动同大多数投资者的行动都相同时，就很难获利了。因此，要获得大的利益，一定要同大多数人的行动不一致。相反理论认为，

当所有人都看好时，往往就是牛市开始到顶，当人人看空时，熊市已经见底了。只要你和大众意见相反的话，致富机会永远存在。

应该说，相反理论对交易者树立正确的交易理念是有好处的。它提醒交易者：大众所想所做未必是对的，即使是专家所说的，也要用怀疑态度去看待处理；交易时要独立思考，尽量避免受大众情绪影响，不要盲目随众。

不过，相反理论仅局限于操作理念上，不是一个操作工具。

技术面分析在股市与期市中的差异

拥有股票交易经验的人在阅读上述介绍时，肯定会想到，这与股市中的技术面分析差不多啊！的确，两者非但有相像之处，而且其中不少内容直接就是从股市中移植过来的。然而，即使如此，两者在应用上仍旧有不少差异。

首先，期货交易的交易周期远比股票交易的交易周期短。期货交易者必须密切关注市场的一举一动。股市分析者喜欢更长时间的图表，研究更长时间的问题。他们也许要预测的是3个月或半年后的市场。而期货交易者想知道的则是下周、明天乃至下半天的形势如何。由此，期货交易中的技术面分析更重视短期内适用的交易工具。比如，股票交易中50或200天均线最受重视，但在期货交易中，大多数平均线在50天以下，最流行的组合是4、9和18天均线。

其次，期货交易中，选择出入时机比在股票市场上重要得多。期货交易中，入市时间相差一天，有时甚至仅几分钟，成败结果就可能截然不同。基本面因素不会天天有变，时机抉择主要依赖技术面分析。因而，在期货交易的技术面分析中，非常注重时机抉择的工具。

最后，股市分析中有一些方法对期货交易不适用。比如，股市分析对股指的依

□只有少数人是对的

黄桦林分成两道，我选择人少的那条

赖性很强，但在商品期货交易中，尽管也有一些代表商品市场总体价格的指数，但它们没有股票指数那样重要。又如，股市分析中经常运用情绪指标和资金流分析工具，但这些在期货交易中用处不大。比如，相反理论在股市分析中很看重，但在期货市场中很难实际应用。比较而言，期货市场中的技术面分析是更纯粹的价格分析。应用得更多的还是趋势分析以及一些传统技术指标。

后 记

对广大投资者开展期货基础知识培训及风险教育，是中国期货业协会自律服务工作的重要内容。

在中国证监会的指导下，中国期货业协会于2003年开始着手《期货投资者服务手册》丛书的编撰工作。本丛书由中国期货业协会副会长兼秘书长彭刚牵头组织，培训部主任余晓丽具体负责，刘仲元主笔撰稿。张天明、杨东辉、曹胜、吴亚军、王定红、杨明、崔家悦、甘正在、王乐、王希中、李晓红等参与了本丛书的大纲制订、资料收集整理以及初稿的编写工作。吴运浩、张育斌、程海霞、余晓丽、王乐、徐欣、钟益强、鲁静、杨金忠、刘俊、刘保宁、林楠、王春卿参与了具体撰写、漫画创意与制作及出版推广等工作。

《期货投资者服务手册》丛书共分为七册。第一册为《期货市场入门》，介绍了期货市场的发展历史及趋势、期货市场构成、期货市场的功能与作用、主要期货合约、期货行情及基本术语等知识。第二册为《怎样进行期货交易》，以一些经典案例揭示了期货交易流程、交易技巧，并介绍了期货交易的基本面分析和技术面分析的常用方法和指标。第三、四、五册为《国内期货交易品种》（共11种），按现货商品知识、基本供需情况、期货交易合约与制度、价格影响因素、主要期货市场等

对各品种进行了一一介绍。第六册为《套期保值与套利交易》，介绍了套期保值与套利交易的基本概念、交易策略、风险控制等，并结合国内各交易所的上市品种进行了案例分析。第七册为《期货投资者维权百问》，介绍了我国期货市场的监管框架、法律法规，以及涉及投资者权益和保护等内容。

本丛书凝聚了期货业内众多专家和协会工作人员的心血，在此，我们要向支持和参与本丛书编写的所有单位、专家和工作人员表示衷心的感谢。同时，要特别感谢上海期货交易所、大连商品交易所、郑州商品交易所的大力支持，感谢上海中期期货经纪有限公司为本丛书提出的建议，感谢中国财政经济出版社的编辑人员在丛书出版和审校方面所做的辛勤工作。

2006年2月